J. Reuner

Lydia Michel • Barfußzeit

W0072133

Lydia Michel

Barfußzeit

Kindheit im Taubertal

FRIELING

Die Deutsche Bibliothek – CIP-Einheitsaufnahme

Michel, Lydia:

Barfußzeit : Kindheit im Taubertal / Lydia Michel. –
Orig.-Ausg., 1. Aufl. – Berlin : Frieling, 1998
ISBN 3-8280-0727-9

© Frieling & Partner GmbH Berlin
Hünefeldzeile 18, D-12247 Berlin-Steglitz
Telefon: 0 30 / 76 69 99-0

ISBN 3-8280-0727-9
1. Auflage 1998
Umschlaggestaltung: Graphiti
Bildnachweis: Archiv der Autorin
Sämtliche Rechte vorbehalten
Printed in Germany

Inhaltsverzeichnis

Meinen Kindern Gudula, Lorenz, Heidemarie und Peter

Vorwort

Als Lydia Michel begann, ihre Kindheits- und Jugenderinnerungen niederzuschreiben, wollte sie keinem drängenden Mitteilungsbedürfnis nachgeben, sondern vorurteilsfrei ihre Erlebnisse dokumentieren.

Damit ihr das Schichtensystem der Erinnerung nicht zu viele Streiche spielen konnte, betrachtete sie zunächst alles aus einem fernen Blickwinkel und beschönigte nichts. So wirkt für den heutigen Leser manches befremdlich, unglaublich und eigenartig, was für Lydia als Kind damals tragisch, unlösbar oder aber besonders schön erschien.

Lydia Michel ist es auch gelungen, das Erlebte zu einer poetisch-lyrischen Sprache zu verdichten. Gerade dieser Erzählstil macht es möglich, den Leser in die damalige Zeit zurückzuversetzen, ihn die Wärme des Elternhauses, in dem Lydia mit ihren Geschwistern glückliche, aber auch schwere Stunden erlebte, spüren zu lassen. Zwischen den Zeilen strömt eine tiefe Zuneigung zur lieblichen Landschaft des Taubertals, die die Geschichte mit einer stimmungsvollen Aura umhüllt und sie einbettet in die lange Liste der Heimatdichtung.

Anja-Silvia Frank
St. Georgen im Schwarzwald, März 1998

Kapitel 1: Geburt (1932)

Über die Hügel meiner Heimat erhob sich die Sonne an diesem Morgen in klarer Majestät und strahlte in ein freundliches, aber enges Tal. Dort nämlich, wo die beiden Flüßchen Gollach und Steinach zur Tauber hinfließen, schien Gott bei seiner Schöpfung an ein paar Menschen gedacht zu haben, denen er dieses romantische Fleckchen Erde überlassen wollte.

Zum Winterausgang hatte sich das Wetter noch einmal in einen dichten, schneeweißen Mantel gehüllt. Die Wasserläufe waren mit spiegelnden Eisflächen bedeckt, und selbst die umrahmenden Ufer und angrenzenden Wiesen waren mit funkelnden und im hellen Winterlicht glitzernden Eisblumen überzogen. Inmitten dieser kalten Landschaft lag das kleine Dorf Bieberehren. Direkt gegenüber dem Kirchturm befand sich ein mehrere hundert Jahre altes Haus.

Wunderbar wie ein erster Willkommensgruß mußte es für mich neugeborenes Menschenkind geklungen haben, dieses erste Morgenläuten der Kirchturmglocken. Unterstützt vom eintönigen Minnelied der Krähen, die über schneebedeckte Dächer kreisend mir ein weiteres zärtliches Wiegenlied sangen. Es gab an diesem Tag einen Grund, warum die durch Gotteshand erbaute Erde und das von Menschenhänden erbaute Haus in der Kirchgasse im reinsten Schmuck erstrahlten: So knisterte in der Küche ein von Eichen- und Tannenholz genährtes Herdfeuer. Es brodelte der Kaffeetopf über den Zungen der gelbroten Flammen. Dazu knarrte die Kaffeemühle zwischen den Knien der Großmutter.

„Es kommt heute auf ein halbes Pfund mehr nicht an, oder?" fragte die Hebamme Apolonia zur geöffneten Schlafstubentür hin und wartete die Antwort der Mutter erst gar nicht ab. Erstaunlich war es schon, wie flink sich diese dicke Frau auf engstem Raum bewegen konnte. Eine ganze Woche blieb Apolonia dann im Dienste der Wöchnerin und versah ihr Amt genauso geschickt wie Kochen und Waschen, Putzen und die Kinderpflege. Man merkte es sofort, daß die Hebamme Apolonia selbst Mutter und Hausfrau war und die zwei Reichsmark als Nebenverdienst sehr gut gebrauchen konnte.

Der große Küchentisch war gedeckt mit Hefezopf, Streußelkuchen und Rahmkuchen mit Anisgeschmack, der extra zur Feier meiner Geburt gebacken worden war. Die aus Lehm gebrannten Tassen standen auf dem Tisch neben der emaillierten Kaffeekanne, der passenden Zuckerdose und dem Kännchen frisch gemolkener Milch. Über dieser gemütlichen Atmosphäre lag der köstliche Duft des frisch gebrühten Kaffees.

Die Großeltern, die im Hinterhaus wohnten, brachten den noch ledigen Onkel Melchior zur Kaffeerunde mit. Vom Nachbarhaus kamen Onkel Michael mit seiner jungen Frau Maria und dem zweijährigen Töchterchen Elfriede. Mehr von meiner Familie konnte zu diesem Zeitpunkt nicht eingeladen werden, denn die meisten Verwandten wußten ja noch gar nichts von meinem Erscheinen.

An den Stirnseiten der Tafel saßen mein Vater und die Hebamme. Diese beiden Menschen waren ihrem Wesen nach grundverschieden, aber im Stolz auf ihre jeweils vollbrachte Leistung vereint. Das ließen sich die beiden jedenfalls immer wieder gerne von den anderen Gästen bestätigen. An diesem Tisch wurde auch besprochen, was als nächstes getan und besorgt werden mußte. Zunächst mußten die Gänge zum Rathaus und zum Pfarramt getätigt, eine Patin mußte gefunden und letztendlich der Tag meiner Taufe festgelegt werden.

Die größte Ehre einer Hebamme bestand damals darin, das von ihr zur Welt gebrachte Kind nach acht Tagen zur Taufe zu tragen. Meine Mutter durfte, einer alten Sitte folgend, erst nach dem Aussegnen in der vierten Woche das Haus verlassen. In dieser Zeit war der Wöchnerin vieles strikt untersagt: das Wasser vom Brunnen zu holen oder auf die Straße zu gehen. Eine Wöchnerin galt in dieser Zeit als unrein.

Der kleine Zug, der mich zur Taufe in die nahe Kirche geleitete, bestand aus meiner Hebamme, die mich stolz auf ihren starken Armen trug, meinem Vater, meiner Patentante Rosa, den Großeltern und meinem vierjährigen Bruder Eduard, der auch die Taufkerze tragen durfte. Mutter hatte mir gegen die grimmige Kälte eine Wärmflasche unter die Taufdecke gepackt. Zeit meines Lebens behielt die Wärmflasche einen Symbolcharakter für mich bei: die Familie als Wärmekissen gegen die Stürme und die Kälte des Lebens.

Was mir natürlich noch völlig entging, war die zauberhafte Umgebung, in die ich hineingeboren worden bin. Meine Heimat gehört zweifellos zu den malerischen Fleckchen Erde, die mit allen Vorzügen einer naturbelassenen Landschaft ausgestattet sind. Das Taubertal ist gelegen im mittleren Bereich zwischen Quelle und Mündung des Tauberflusses. Die Landschaft wird geprägt von Tälern und Schluchten, Hügeln und Mischwäldern.

Mit ihrer landwirtschaftlichen und handwerklichen Struktur kann sich die kleine Gemeinde Bieberehren nicht abheben von anderen Dörfern, doch immerhin klappern seit Hunderten von Jahren an den Bächen zwei Getreidemühlen. Stolz war man auch auf die Bierbrauerei, auf drei Gaststätten und zwei Kirchen. Gerade diese wirschaftlich-religiöse Kombination hat sich immer wieder wechselseitig befruchtet. Kamen die Pilger nach stundenlangen ermüdenden Fußmärschen vom Käppele zurück, dann forderte der geschwächte Körper in den Wirtshäusern sein Recht. Auch die Bäcker und Metzger hatten sich gut auf den Ansturm der hungrigen Pilger vorbereitet. Ein erstes kühles Bier versetzte den frommen Dulder in eine mitteilsame Stimmung. Oftmals endete das Wiedersehen von Freunden und Bekannten sowie das Zuprosten von Tisch zu Tisch in einer Volksfestatmosphäre.

Im Jahre 1932 sahen die Gassen aus wie gelbbraune Bänder. Überall waren die Brunnen vor den Häusern in Betrieb, und jedes Anwesen war durch ein Tor verschlossen. Es waren die Landstreicher, Zigeuner und Zirkusleute, vor denen die Bauern ihr Hab und Gut sichern wollten. Hinter dem Fachwerk der Häuser aber herrschte ein geselliger Ton, man sang, feierte, musizierte und hatte gerne Freunde und Nachbarn um sich.

Inmitten dieser nahezu tausend Jahre alten Siedlung bildete mein Elternhaus zusammen mit der Pfarrkirche und dem Rathaus ein Dreieck, durch das die geteerte Hauptstraße hindurchführt. Am Dorfende und auch am Dorfanfang führt die Hauptstraße jeweils über eine aus Quadersteinen errichtete Bogenbrücke. Die eine dieser Brücken überspannt die flache Furt der Gollach, die andere die Tauber. Der Tauberfluß windet sich aus seiner Quelle bei Schillingsfürst auch an der berühmten mittelalterlichen Stadt Rothenburg vorbei, um als respektabler Wasserlauf bei Wertheim in den Main zu münden.

Der Fortschritt hatte bereits um die Jahrhundertwende eine Eisenbahntrasse durch das Tal gelegt. Die Bahnstrecke und die Bahnhöfe waren eine wunderbare Einrichtung, die um die Jahrhundertwende von meistens italienischen Gastarbeitern gebaut worden war. So gab es in Bieberehren einen Umsteigebahnhof, der einige Male am Tag von den Zügen aus dem angrenzenden Bayern und aus Baden-Württemberg passiert wurde. Damals war es auf diese Weise möglich, in kurzer Zeit zum Einkaufen in die Kreisstadt zu fahren.

Im ersten Viertel des 20. Jahrhunderts kam dann auch der elektrische Strom und vor allem das Licht. Wenn auch in den Scheunen und Kellern dieser Luxus als überflüssig erachtet wurde, so waren die Zeiten der Schattenmärchen und Sagen, der Kienspanhölzer, Kerzenstummel und verrußten Räume vorbei. Durch das einfache Umlegen des Lichtschalters war allerdings auch die Zeit der heimlichen Liebschaften im flackernden Kerzenschein und der Mondscheinrendezvous ein wenig vorbei. Die Zeit des modernen Menschen, der sich anschickte, im privaten wie auch beruflichen Bereich neue Wege zu begehen, schien angebrochen.

Kapitel 2: Hitlers Machtergreifung 1933
und meine ersten Lebensjahre (bis 1937)

Wer in einem abgelegenen Dörfchen das Licht der Welt erblickte, wuchs in den meisten Fällen als eher wortkarger, gottergebener Arbeiter heran. Die Möglichkeit, einen Beruf zu erlernen oder gar mit dem Bleistift als Handwerkszeug seine Pfennige zu verdienen, bildete die Ausnahme. Ein Geschäft oder einen kleinen Handel zu betreiben, glückte manchmal durch Einheirat in reichere Familien.

In meinem Heimatort hatte die Kirche den allergrößten Einfluß auf die Menschen und half beim Lösen von Problemen und beim Schlichten von Streitereien. Selbst die rauhesten Trunkenbolde beugten sich den ungeschriebenen Gesetzen der Religion. Brav besuchten sie die wöchentliche Sonntagsmesse, gaben zur Osterzeit gebührenpflichtig ihre Beichtzettel ab und hielten die Fastenzeiten ein. Erst mit der beginnenden NS-Zeit durchbrachen einige jüngere Männer, meist aus sozial schwachem Elternhaus stammend, dieses vorgezeichnete Verhalten. Wahrscheinlich sahen sie ihre Zeit gekommen und wollten in der braunen Uniform frühere Unterdrücker das Fürchten lehren.

So erinnere ich mich mit Schrecken in diesem Zusammenhang an ein Erlebnis, das mir meine Mutter erzählt hatte und das meine Kinderseele aufwühlte. Wie immer wurde ich auch in den Märztagen 1933 frühzeitig ins Bett gebracht. Mein Zimmer befand sich damals im Obergeschoß unseres Hauses. Irgendwann in der Dunkelheit muß ein unbekannter Lärm nach oben gedrungen sein und mich geweckt haben. Feuriges Licht, bizarre Schattenspiele an der Wand, laute Trommelwirbel und schreiende Stimmen ließen mich wahrscheinlich richtig aufschrecken.

Mein Weinen und Rufen nach dem Vater und der Mutter blieben ungehört. Ich vermag heute nicht mehr zu sagen, wie lange ich völlig verstört in meinem Bettchen ausharrte. Aus der anfänglichen Angst wuchs jedenfalls eine Furcht, die in Todesmut gipfelte. Mit dem Aufgebot aller meiner Kräfte gelang es mir, mich über den Rand des Kinderbettchens zu hangeln und auf allen vieren aus dem Zimmer zu krabbeln. Ich überwand die Treppe und gelangte bis vor die Haustüre. Von dieser Stelle aus konnte ich den ganzen Kirchplatz übersehen. Ein seltsames Bild mag sich da vor meinen Augen abgespielt haben; ein Bild, wie ich es in den Folgejahren wieder und wieder sehen sollte: Kommandorufe, loderndes Feuer, singende und marschierende Männer, deren glänzende Stiefel den Feuerschein wiedergaben. Im Hintergrund stand eine gewaltige Menschenmasse mit roten Gesichtern. Natürlich konnte ich mit alledem nichts anfangen, nur unbewußt spürte ich die Bedrohung, die nun in meine heile Kinderwelt einbrach. Zitternd vor Entsetzen trat ich meinen Rückweg an und kroch unter eine unverkleidete Dachschräge. Dort fand ich zwischen allerlei Unrat einen sicheren Unterschlupf. Müde und aufgewühlt muß ich zwischen alten Kleidern, leeren Flaschen, Weidenkörben und Koffern eingeschlafen sein. Später berichtete man mir, die Eltern hätten mich in dieser Nacht stundenlang gesucht und schließlich halberfroren unter dem Ziegeldach gefunden. Eine schwere Lungenentzündung hatte die Exkursion zur Folge. Nach Jahren habe ich meiner Mutter meine eigenen Empfindungen anvertraut, und sie war über die Präzision meines Berichtes sehr erstaunt. Die Szenerie hatte sich übrigens anläßlich der Machtergreifung Adolf Hitlers im Jahre 1933 zugetragen.

Die Begeisterung für Hitler war anfänglich groß, und so glaubte die Bevölkerung, das goldene Zeitalter wäre angebrochen. Niemand in meinem Heimatort hatte bis dahin große Ansprüche an das Leben gestellt, doch plötzlich wollten es alle besser haben. Das Leben war einfach zu grau. Jeder lebte für sich, und keiner wollte seine tatsächliche Armut zugeben. Wer sich dagegen mit Rüben und Salat aus dem eigenen Garten versorgen konnte, stand bereits eine Stufe höher in der Vermögensliste als ein einfacher Tagelöhner und eine Magd. Der Großteil lebte vom mageren Inhalt der Kaninchenställe, machte regelmäßig im Krämerladen Schulden und wußte am Monatsende nie, wie er diese begleichen sollte. Kinder durfte man eigentlich gar nicht in die Welt setzen, denn wer sollte die Windeln kaufen und einen verlorengegangenen Schnuller ersetzen? Aber gerade Kinder gab es zu dieser Zeit viele. Es war wie mit wildwachsenden Zwetschgenbäumen, die niemand absichtlich gepflanzt hatte und die dennoch im Dorngestrüpp jahraus, jahrein prächtig gedeihen.

Auch Naturalien wie Getreide, Eier und Milch lohnten sich nur, um entweder fällige Zinsen zu tilgen oder einem Bruder ein Erbteil abzukaufen. Weniger willensstarke Menschen gerieten in den Strudel der Depression, andere suchten dreimal täglich den Schutz der Kirche auf. Die einen fanden Trost in eingebildeten Krankheiten, die anderen in ständiger Lebensverdrossenheit. Wiederum andere übertrumpften ihre Not und die Minderwertigkeitskomplexe der Arbeitslosigkeit mit flotten Sprüchen. Manche trafen sich auch zu geselligen Runden bei Musik und Gesang, entlockten sich mit Apfelwein ihre ursprüngliche Lockerheit und ihr Lachen.

Doch hier fehlte die eigentliche Selbstsicherheit und der gesunde Wagemut, die Fähigkeit, erfolgreich das Leben zu meistern, Freunde zu gewinnen und sein Glück zu suchen. Um diese Werte zu erlangen, dazu bedarf es des geistigen Trainings, körperlicher Gesundheit und guter Nerven. Oftmals sind es nämlich die kleinen, unscheinbaren Dinge des Lebens, die in der Erinnerung plötzlich einen unauslöschlichen Stellenwert gewinnen und so mit dem Vergehen der Jahre immer wichtiger werden. Jeder junge Erdenbürger begegnet diesen Ereignissen täglich, nur erkennt er den Zusammenhang und ihre Bedeutung meistens erst im Alter. So verhält es sich mit meiner Erinnerung, wo noch immer gravierende Merkzeichen zu finden sind, wie zum Beispiel mein erster Tag in der Kinderbewahranstalt.

Lebendig in der Erinnerung, weiß ich noch, wie ich mich damals fühlte: abgekoppelt von der Mutter, herausgerissen aus einer vertrauten Umgebung, allein gelassen von den engsten Familienmitgliedern, entfernt vom Gefühl der Geborgenheit und des Vertrauens. Ein erster Lebensabschnitt zur Selbständigkeit begann sich abzuzeichnen, herausgeholt worden war ich aus dem dörflichen Leben, in dem die Gewohnheiten und Geräusche des Alltags dominieren, wo auch die Tiere mit ihrem Gackern, Grunzen und Muhen ebenso dazugehören wie die Stimmungen im zwischenmenschlichen Bereich.

Für mich war die Kinderbewahranstalt ein Prüfung, bei der mir niemand beistehen konnte und bei der erstmals das Gefühl der eigenen Selbstverantwortung angesprochen wurde. Einzufügen hatte ich mich in eine Gemeinschaft Gleichaltriger, die diese Situation mehr oder weniger gut meisterten.

Im einzigen rechteckigen Raum der Bewahranstalt mit seinen hohen Fenstern standen grob gezimmerte Reihenbänke mit ebensolchen Tischen. Zur zweistündigen Mittagsruhe fand das Köpfchen oftmals nur auf den Tischplatten Platz. An den Längsseiten gab es Klappbetten, auf denen die jüngsten Kinder im Wechsel schliefen oder schrien, und das täglich acht Stunden lang.

In Verbindung mit dieser weniger geliebten Zeit gab es trotzdem zwei Dinge, die mich von Anfang an faszinierten. Zum einen gab es ein Harmonium, das im gleichen Raume stand und von einer katholischen Kinderschwester schwungvoll gespielt wurde. Zum anderen hing ein Ölgemälde an der Wand, das mit einem Goldrahmen eingefaßt war. Die Malerei zeigte vor einem sehr dunkel gehaltenen Hintergrund die hagere Gestalt des heiligen Aloisius. Seit dem ersten Tag suchten meine Augen immer wieder, besonders in den Ruhezeiten, dieses dunkle Stück Leinwand. Die darauf mit feinen Pinselstrichen gemalte Figur zeigte einen kahlgeschorenen Kopf, in dessen Gesicht eine zu lang geratene Nase fast bis über die Lippen ragte. Die Hautfarbe des Gesichts und die feingliedrigen Hände erinnerten mich an einen bleichsüchtigen Menschen und verliehen der dargestellten Person etwas Unnatürliches. Dies wurde in der Farbgebung von dem in Weiß gestalteten Hemdkragen sowie den schmalen Streifen der Ärmelmanschetten übertroffen. Der traurige, durchgeistigte Blick des heiligen Aloisius starrte unentwegt hinüber zu dem mit einem eisernen Paravent abgeschirmten Kohleofen. Nicht selten war um das Abzugrohr des Ofens die Unterwäsche der Kinder zum Trocknen aufgehängt. Die Art der Darstellung verursachte in mir einen großen Widerstreit in meiner Gefühlswelt: Konnte ich als schwacher Erdenmensch in meiner Not zu diesem Heiligen beten? Wurden mir durch seine Fürbitte Trost und Hilfe zuteil? War es eher angemessen, bei Gott für den heiligen Aloisius zu bitten, damit sein trauriger Blick zumindest einen Anflug von Freude erhalten konnte? Nach knapp zwei Jahren hatte ich durch ein tiefgreifendes Ereignis die Antwort auf meine Fragen.

Es war nach einem fast zu langen Winter endlich Frühling geworden. Die Barfußzeit in den ersten Frühsommertagen hatte für uns Kinder begonnen, und die Abende zum Spielen hatten sich beträchtlich verlängert. Über Trittsteine am nahe vorbeifließenden Bach balancierten meine ein Jahr jüngere Schwester Leni, einige Kinder aus dem Dorfe und ich von Ufer zu Ufer. Ich hielt meine Schwester an der Hand. Naß und glitschig waren vom ständigen Klettern die unterschiedlich hohen, wuchtigen

Felsbrocken geworden. Fast unbemerkt stürzte Leni in die von der Frühjahrsschmelze angeschwollene Gollach hinein, versank vor meinen Augen und tauchte nicht wieder auf. In diesen Schrecksekunden änderte sich mein kindliches Weltbild von Geborgenheit und gefahrlosem Leben. Die mit uns spielenden Freundinnen waren plötzlich nicht mehr da, und vor mir lag rauschend und gischtsprühend der Bach, als ob nicht das geringste geschehen wäre. Drüben am anderen Ufer harkten die Frauen den winterharten Boden für die Frühjahrssaat auf. Mit einem hilflosen Blick nahm ich die Szene in mir auf.

Erst als die Männer und Frauen herbeieilten und das dreijährige Kind aus den Fluten bargen, wurde mir bewußt, daß ich in höchster Not laut um Hilfe geschrien hatte. Meine Schreie hatten die Menschen alarmiert, herbeigeholt und zur Ersten Hilfe veranlaßt. Auch mein Vater hatte mich auf dem Nachhauseweg gehört und war zum Unglücksort gerannt. Nun hielt er das völlig apathische Mädchen fest in seinen Armen und trug es nach Hause.

Wie bei einer Prozession zogen die Menschen bis vor unser Haus. Zitternd trottete ich unbeachtet von allen und alleine hinterher und rang mit Gefühlen, die von Schuld und stolzem Mut über mein Verhalten bestimmt wurden. Das Unglück hatte mich auch in eine zwiespältige Situation gebracht, mit der ich noch nicht umgehen konnte. Erst als Leni den Schock überwunden und längst in ihrem Bettchen eingeschlafen war, erhielt ich von den Familienmitgliedern die verdiente Strafpredigt. Wie ein böser Traum, der mir alle Verantwortung zuwies, spulte sich das unaufhaltsame, schreckliche Erlebnis wieder und wieder ab. So kam mir in der hilflosen Angst das Bildnis des Heiligen Aloisius von der Bewahranstalt in den Sinn. Sicherlich hatten ihn in seinem Leben ähnlich schwere Schicksalsschläge getroffen. Respektvoll und ehrfürchtig betrachtete ich von diesem Zeitpunkt an den

Heiligen. Während der Schlafenszeit in der Bewahranstalt schaute ich noch oft das Bild an und hielt Zwiesprache mit dem Mann, der so unendlich traurig aussah.

Die so wichtigen ersten Kinderjahre meines Lebens ließen mich trotz aller Einfachheit eine alles einschließende Geborgenheit erfahren. Die verzweifelte politische Lage der Arbeitslosigkeit in den 30er Jahren stellte die Menschen auf dieselbe Stufe. Ernstliche Sorgen und Nöte um das tägliche Brot hatten kinderreiche Familien durchzustehen. Wie bei jeder Katastrophe, die alle Menschen gleichermaßen betrifft, begann man enger zusammenzurücken. Die über Generationen bewährten Gewohnheiten erhielten einen besonderen Stellenwert und kamen so jedem einzelnen zugute. Dazu gehörte das gemeinsame Beisammensein am Abend, das entweder im Haus am flackernden Holzfeuer stattfand oder im Freien auf einer Gartenbank.

Im Austausch von Sorgen und Nöten mit anderen Familien wurde das tägliche Leben erträglicher und oftmals unter Mithilfe guter Freunde abgemildert. Als Sorgenbrecher galt der selbstgekelterte Apfelwein. So manche Abendstunde, die im vertrauten Kreise niedergedrückt und voller Kummer begann, endete mit Musizieren, Lachen, Singen, Scherzen oder dem Erzählen von lustigen Geschichten. In der Frauenrunde surrten die Spinnräder, die erst dann zur Seite gestellt wurden, wenn die Hausfrau Malzkaffee und warme Dampfnudeln anbot. Langsam und holprig wie ein Spinnrad bewegte sich auch das hungrige Vierteljahr auf die nächste Ernte zu. Die Speicher waren leer, und der Sparstrumpf hatte auch schon bessere Tage gesehen. Die kleinen Leute schulterten ihre selbstgebundenen Reisigbesen und Weidekörbe und verkauften sie an die Großbauern im Gau. Der Handel mit Ferkeln und Hühnern war genauso üblich und brachte ein paar Groschen in die leeren Kassen.

Aus einer solchen Notlage heraus versuchte sich ein Ehepaar aus dem Dorf mit dem Töpferhandwerk. Mit schier unermüdlichem Fleiß und viel Geschick boten die beiden ihre Töpfe und Tiegel auf den regionalen Jahrmärkten feil. Immer häufiger kutschierte die Frau des Junghandwerkers mit ihrem Karren zu den weit entfernten Jahrmärkten, während ihr daheim gebliebener Mann Lehm aus der Erde grub, zu Gefäßen formte und mit Glück nur wenig Ausschuß aus dem Brennofen holte. Oftmals vergingen Wochen und Monate, bis die junge Frau mit dem erlösten Geldgewinn sowie einem lädiertem Ruf nach Hause zurückkam. Wegen ihrer Fähigkeit, Kunden zum Kaufen zu veranlassen, wurden sie von Neidern der Hexerei bezichtigt oder als Hure verschrien, die ihren Haushalt vernachlässigt. Leider war sie an letztgenannter Beschuldigung nicht ganz unschuldig, hatte sie einst die Wäsche nach zu langer Einweichzeit kurzerhand mitsamt dem Bottich über die Uferböschung in den Gollachfluß hinabgerollt. In Windeseile verbreitete sich diese Ungehörigkeit im ganzen Dorf und wurde angeheizt durch Intoleranz und Verachtung. Bewunderung für den Wagemut, Wege zu gehen, die sich eigentlich nicht schickten, kam in diesem Zusammenhang den Kritikern nicht in den Sinn.

Ein anderes Original war hingegen unsere schöne Nachbarin Maria. Vollschlank war sie gewachsen, mit dem Gesicht einer orientalischen Prinzessin, mit großen schwarzen Kirschaugen und einem Lachen, das jeden Mann um den Verstand bringen konnte. Zunächst bestand ihr einziges „Vergehen" darin, mit Männern in einer Fabrikhalle zusammenzuarbeiten. Diese Tatsache reichte aus, um ihr eine ungeheuerliche Verruchtheit nachzusagen. Später, als dann die Verleumdungen kein Ende fanden, tat sie resigniert, was man von ihr zu wissen glaubte, und scherte sich nicht mehr um ihren guten Ruf.

Für mich gab es dagegen nichts Schöneres, als wenn nach Feierabend die kesse Maria und meine Großmutter eine Art Sängerwettstreit austrugen. Beide hatten wunderbare Stimmen. Großmutter wählte vorwiegend Volkslieder mit religiöser Zugabe, während Maria freche Schlager, manchmal sogar bühnenreif, zum besten gab. Jede der so unterschiedlichen Frauen sang in ihrer Küche. Ich stand dazwischen auf dem Hof und fungierte als selbsternannte Schiedsrichterin.

Alles, was sich im Leben eines Kindes ereignet, passiert irgendwann zum ersten Mal. So durfte ich mit fünf Jahren aus sicherer Entfernung eine große Feuerwehrübung beobachten. Am Kirchplatz unter den hohen Lindenbäumen standen Vater und Onkel Michael in Reih und Glied mit anderen Mitgliedern der freiwilligen Feuerwehr. Stramm wie Zinnsoldaten mit golden glänzenden Verzierungen auf den Pickelhauben, wappengeprägten Knöpfen, rotem Tuch auf dunkelblauem Anzugsstoff. Kommandorufe und Hornsignale erschallten, Wasser wurde gepumpt, Schläuche entrollt, Leitern aufgerichtet, bis zuletzt der Ruf ertönte: „Wasser marsch!" All diese Handgriffe wurden wieder und wieder geübt. Für mich viel zu oft, denn Vater hatte mir versprochen, mich zum anschließenden Biertrinken ins Gasthaus „Adler" mitzunehmen. Der „Adler" befand sich in der Dorfmitte, unweit von Kirche und Rathaus entfernt. Nach anstrengenden Ratssitzungen oder Kirchbesuchen stärkten sich die Ratsherren und Kirchgänger gerne in den einfachen, aber gemütlichen Räumen. Hier befand sich auch der Ort, an dem das Dorfgeschehen und die Familiengeschichten ausgetauscht und verbreitet wurden. So war es für mich etwas Besonderes, die nach abgestandenem Bier und Putzlauge duftenden Räume an Vaters Seite zu betreten.

Um mich herum saßen Männer mit erhitzten Gesichtern. Vor ihnen standen auf den langen Biertischen Krüge mit Zinndeckeln, die beim Zuprosten stets von selbst zufielen. Dreimal schon durfte ich bei jeder vom Vater neu bestellten Maß Bier den Schaum abtrinken. Ein Streitgespräch zwischen den Männern war plötzlich entbrannt. Es ging dabei um die Frage schuldig oder nicht. Vor einer Reihe von Jahren hatte im Ort ein Großfeuer gewütet. Selbst der Staatsanwaltschaft war es damals nicht gelungen, die Brandursache eindeutig aufzuklären. Eine junge Frau stand im Verdacht, aus verschmähter Liebe mit glühenden Kohlen nach Einbruch der Dunkelheit das Feuer gelegt zu haben. Spürhunde, die die Fährte der jungen Frau erschnüffelt hatten, wurden als Beweis vor Gericht nicht zugelassen. Die verdächtige Hauptperson wurde mangels Beweis freigesprochen. Länger konnte ich dieser Diskussion dann nicht mehr folgen, denn in der Gaststubentür stand die alte Babette. Die meisten der anwesenden Männer taten, als gäbe es die alte Frau gar nicht. Nur einige stöhnten leise: „Was will die denn hier?" Demonstrativ hatte man die noch freien Stühle vom Tisch weggeschoben und war enger zusammengerückt.

Babette war eine bedauernswerte alte Witwe, deren beide Söhne der Erste Weltkrieg auf dem Gewissen hatte. Ihr gebrechlicher Mann war Steinhauer gewesen. Die tägliche Schwerstarbeit, verbunden mit der schicksalhaften Armut, konnte seine Lungenschwindsucht nur verstärken. Nur wenige Monate, nachdem die Söhne gefallen waren, folgte er ihnen nach. Babette selbst brachte sich als Magd durch und verrichtete viele andere Dienstleistungen. Jetzt, wo sie alt war, hatte sie zwar ein Dach über dem Kopf, dafür war sie krank und anfällig. Sicherlich hatte sie heute von jemandem ein wenig Geld geschenkt bekommen, das sie in der Wirtsstube ausgeben wollte. Seufzend setzte sich Babette neben mich auf die Bank. Ihre runzelige Haut im Gesicht und an den Händen faszinierte mich sofort. Einmal mit der Hand über die welken Wangenknochen streichen, die von Gicht geplagten

Finger berühren. Gleichzeitig schreckte mich der Gedanke auch wieder ab, selbst einmal so alt zu werden. Babette führte meistens Selbstgespräche, trotzdem spürte sie, daß wenigstens ich ihr zuhörte, und das schien ihr zu genügen. „Du wirst es einmal besser haben als ich. In meinen siebzig Jahren gab es zusammengefaßt nur ein Jahr, in dem ich glücklich war. Merke dir eines, mein Kind: Die Sorgen auf dieser Erde wechseln wie die Schwalben unter dem Dach. Doch in jeder Generation werden die Kinder die Träger der Hoffnung sein, wobei niemand weiß, wie vieler Generationen es bedarf, um auch nur ein klein wenig Glück in unser Leben zu bringen." Als sie die Worte niedersprach, zitterte ihr zahnloser Mund heftig. Ihre Augen glichen dem Ausdruck eines frisch erlegten waidwunden Rehkitzes, von dem man auch nach einem Blattschuß nicht weiß, ob nicht noch aller Schmerz dieser Welt sein Innerstes berührt oder ob es bereits den seligen Zustand erreicht hat.

Der Wirt schloß die Fenster, denn die Insekten schienen plötzlich verrückt zu spielen. Wild geworden summten die Bienen im Zickzack zwischen Limonade und Bier hin und her. In der Ferne machte der Donner auf einen Wettersturz aufmerksam. Es war ein dumpfer Paukenschlag, der ein wenig an die Küchengeräusche der Wirtin erinnerte. Bei einem mit solcher Gewalt einsetzenden Gewitter und Platzregen kam keiner der Gäste auf die Idee, nach Hause zu waten. Die in Bügelfalten gelegte Hose würde sich um die Knie ringeln wie ein Putzlappen auf einem Kleiderbügel. Die beste Jacke hätte zum Trocknen aufgehängt werden müssen. Nein, ans Nachhausegehen dachte niemand. Vielmehr war dies die Stunde der Genüsse, des Schoppens und der Knackwürste.

Mit einem karierten Küchentuch wischte der Wirt die runden Stempel der Maßkrüge von den Tischen. Genau an derselben Stelle nahmen die Weingläser ihren Platz ein, nur daß ihr Inhalt nach dem Eingießen wie Sterne an einem wolkenlosen Nachthimmel funkelte. Spät war es geworden, alle saßen sie noch auf ihren Plätzen, selbst als der Regen längst aufgehört und das Gewitter weitergezogen war. Endlich trank die alte Babette den winzigen Rest ihres Wermuts aus, knotete ihr Kopftuch neu, nahm mich wortlos bei der Hand und brachte mich nach Hause.

Mutter wartete bereits ungeduldig auf unsere Rückkehr, hatte sie doch eine Suppe mit gerösteten Frühlingszwiebeln und frischen Gartenkräutern warmgestellt. Vorzüglich schmeckte zur muskatgewürzten Suppe eine Scheibe selbstgebackenes Roggenbrot. Glücklich über das Erlebte und müde durch die späte Stunde fielen mir schon bald die Augen zu. Statt des langatmigen Nachtgebets hatte es Mutter an diesem Abend mit einigen Tropfen Weihwasser und einem Kreuzzeichen bewenden lassen.

Immer wenn die Winterkälte gebrochen war, wenn die Tage spürbar länger wurden, wenn noch die trockenen Frühlingswinde die Feuchtigkeit von der Schneeschmelze vom kahlen Boden mitgenommen, die Strahlen der Sonne Samen aus dem Winterschlaf geweckt hatten, dann schien der Frühling leichtes Spiel zu haben. Er rollte seinen grünen Rasenteppich über Hügel und Täler, zupfte an den Waldrändern Veilchen und Schlüsselblumen aus der Erde und deckte mit Blättern die Stauden und langsam erwachenden Waldböden ab.

Wenn alles dies geschehen war und zwischen frischem Grün ein prächtiges Blumenmuster den Betrachter entzückte, dann war es wieder soweit, und die Zigeunerkarawane zog laut und farbenprächtig durchs Dorf. Pfannen und Tiegel, Körbe und Nachttöpfe baumelten am vollbepackten Leiterwagen. Unter einer baldachinartigen Plane schauten alte Frauen und Kleinkinder hervor. Zwei magere Ponys zogen den auf Räder montierten Schrotthaufen. Lautstark begleiteten stämmige Männer, ihre Dienste anpreisend, das exotisch anmutende Gefährt. Der Klang des rhythmischen Klopfens auf ein Stück Eisen eilte ihnen weit voraus, so daß jeder im Ort wußte, die Pfannenflicker sind wieder da. Eifrig eilten die Frauen der Sippe auch schon von Haus zu Haus, um undicht gewordenen Hausrat zum Löten und Nieten einzusammeln. Geschickt verstanden sie es, beim Zurückbringen der sorgfältig reparierten Teile zusätzlich zum Lohn Brot, Milch und Eier von ihren Kunden zu erbetteln. Doch dannach wurden von den Bauern rasch die Hoftore von innen verriegelt und die Wachhunde von der Kette gelassen.

Eines gewissen Mißtrauens konnte sich halt niemand erwehren, solange die Nichtseßhaften in der Nähe des Dorfes ihr Quartier aufgeschlagen hatten. Es war jedesmal ein Aufatmen, wenn die Braunhäutigen mit ihrer Großfamilie weiterzogen. Für das fahrende Volk gab es aber eine Regel, die ihnen gewährte, drei Tage und drei Nächte an einem Ort zu verweilen. Diese Zeitspanne wurde von ihnen gerne in Anspruch genommen. Oftmals wurde aber auch diese Frist mit allen erdenklichen Mitteln tagelang überschritten. Geschäftstüchtig, wie dieses Völkchen nun einmal war, nutzten besonders die älteren Frauen die Zeit zum Wahrsagen. Die Wahrsagerinnen waren gleichermaßen geschätzt und gefürchtet, denn sie konnten leicht einen Fluch über Mensch und Tier aussprechen. Die unbestrittenen Stars dieser Menschengruppe waren aber die Männer. Ihre dunklen Kirschaugen leuchteten unter den ungepflegten blauschwarzen Haaren hervor. Ihre braunen Körper waren mit bunten Tüchern verhüllt. Sie trugen Stiefel aus braunem Leder. Zweifellos waren sie sich ihrer Wirkung auf das Gemeindeoberhaupt bewußt, wenn sie ihre Forderungen vortrugen. Meistens wußten sie sehr genau, was ihnen die Gemeinde gewähren mußte, und verwirrten dadurch so manchen Bürgermeister.

Trotz niedrigster Bildung und Analphabetentums kannten sie die Wege und Straßen in Europa genau. Ihr Kapital war das Wissen um Städte und Dörfer und die Menschenkenntnis. Nach Jahren fanden sie ein bestimmtes Anwesen mühelos wieder, wo man ihnen gut oder schlecht entgegengekommen war. Das Umherziehen war ihr Lebensinhalt, und die damit verbundenen Erfahrungen wurden von Generation zu Generation weitergetragen.

Für uns Kinder vergingen die Tage, an denen die Zigeuner in der Nähe quartierten, wie im Flug. Immer wenn sich die Karawane zum Weiterziehen rüstete, wichen wir nicht mehr von ihrer Seite und begleiteten die bunten Wagen bis ans Dorfende.

Nahtlos haben sich die Frühlingstage an die wärmeren Wochen des Sommers gereiht. Für mich waren es Tage in der Kinderbewahranstalt. Die Nachmittage im Spielgarten waren bei uns Kindern sehr beliebt. Während die Babys im Schatten von Eschen und Buchensträuchern ihren Mittagsschlaf hielten, tummelten sich die Älteren auf dem abschüssigen Rasenstück. In ein solches nachmittägliches Treiben hinein platzte etwas für uns Unfaßbares und brachte unsere Weltvorstellung ins Wanken.

Silbrig glänzend zog hoch am wolkenlosen Himmel ein riesiges Gebilde geräuschlos von Westen her durch die Luft. Ruhig dahingleitend verdunkelte es für kurze Zeit die Sonne, zog weiter und stand für Sekunden über uns. Die Kinder um sich geschart, begann die Schwester mit uns zu beten. Die Bauern auf der Straße zügelten ihre Pferde, stiegen vom Wagen und starrten gebannt nach oben. In den Hausgärten standen händeringend die angstvollen Frauen, jammerten und bekreuzigten sich heftig. Es verbreitete sich eine allgemeine Weltuntergangsstimmung! Sie ließ die Menschen in Scharen zur Kirche eilen. Dabei ließen sie diese außergewöhnliche Erscheinung aber nicht eine Sekunde aus den Augen, weil sie darin ein Werk des Teufels selbst zu erkennen glaubten.

Ungerührt vom hektischen Treiben unter sich schwebte hoch oben, wie von Geisterhand gelenkt, der silbrig glänzende Zeppelin „Hindenburg" in Richtung Osten ab, einer revolutionären Zukunft im Flugwesen entgegen. Die meisten Menschen, über die der Koloß hinweggezogen war, konnten diesem Wunderwerk der Technik wenig abgewinnen. Weil sich viele diese Sensation nicht erklären konnten, entstanden seltsame Geschichten und Märchen über den Zeppelin „Hindenburg". Auch der fromme Pater Just aus dem Würzburger Kloster verarbeitete seine Begegnung mit dem Luftschiff auf wundersame Weise.

Pater Just liebte es, über Land zu gehen, mit den Bauern zu sprechen, Rosenkränze und bunte Heiligenbildchen zu verteilen, um so Spenden oder Naturalien für sein Kloster einzusammeln. Zur Gewohnheit hatte er es sich gemacht, einen solchen Tag bei einem Gläschen Bier im Gasthaus „Zur Krone" abzuschließen. Meistens mußte er sowieso auf den letzten Zug nach Würzburg warten. An jenem ereignisreichen Tag hatte Pater Just aber ein Gläschen zuviel erwischt und schwankte auf unsicheren Schritten in Richtung Bahnhof. Was sich dann im Leben des frommen Mannes ereignet hatte, gab Anlaß zu wilden Spekulationen. Bei Tagesanbruch wurde mein Großvater durch heftiges Klopfen aus dem Schlaf gerissen, und ein völlig aufgelöster Pater stand vor der Tür. Der Anblick des Zeppelins erschien dem Geistlichen als Bote des Teufels. Mein Großvater konnte ihn schließlich beruhigen und mit einem Frühstück besänftigen. Nur versprechen mußte Großvater noch, daß er den Vorfall nicht an die Öffentlichkeit tragen würde, so peinlich war es dem Pater. Großvater hielt sein Versprechen, doch in der Familie wurde noch oft darüber gelacht.

Mit kleinen Schritten richteten sich die Temperaturen auf die Herbstzeit ein, und auch der Abreißkalender des Jahres 1937 hatte schon die meisten Blätter verloren. Immer früher am Abend rauchten die Schornsteine auf den Hausdächern. Im Keller gärte der junge Apfelmost und färbte sich in den Eichenfässern trübe wie Buttermilch. In diesen Wochen trank man den „Bremser" gerne zum Schlachtfest. Als Jungbrunnen wurde er angeboten, und kaum jemand verschmähte das Getränk, das die Süße eines Apfelsaftes und die alkoholische Tücke eines Apfelweins in sich vereint. Das Brummen der Dreschmaschinen ertönte im Dorf. Von Hof zu Hof zog eine kleine Mannschaft mit diesem Ungetüm. Erst jetzt war er möglich, über die Getreideernte eine Ertragsbilanz zu ziehen.

War die Ernte abgeschlossen, stand die Kirchweih vor der Tür. Bis zur Kirchweih mußten auch die anderen Feldarbeiten abgeschlossen und die Kartoffeln und Rüben winterfest gelagert sein. Acht turbulente Tage hielt das Fest die Menschen in seinem Bann. Alles vollzog sich im Übermaß: Tanzen und Musizieren, Zechen und Schmausen. Noch herrschte eine Aufbruchstimmung, und viele erhofften sich rosarote Zeiten in Wirtschaft und Politik.

Kalt waren die Spätherbsttage geworden, und früher als üblich hatte es in den dunklen Nächten geschneit. Wie schon immer wehte der Wind die weiße Pracht direkt durch den offenen Kamin in unsere Küche. Niemand hatte sich bislang daran gestört, nutzte man die Küche doch nur zum Kochen und die gute Stube zum Wohnen. Die Verwunderung bei den Großeltern muß sehr groß gewesen sein, als meine Mutter darauf bestand, einen geschlossenen Kamin bauen zu lassen. Sie wollte für uns Kinder eine warme Wohnküche haben, zumal unsere Familie um zwei Mitglieder angewachsen war. Meine Geschwister Konrad und Barbara waren im Abstand von zwei Jahren geboren worden. Das Geld war knapp, und der Kinderreichtum war damals umstritten.

Trotzdem wurde das Weihnachtsfest mit viel Liebe ausgerichtet. Vater hatte einen schönen Baum aus dem Wald geholt und geschmückt. Wir fünf Geschwister waren am Heiligen Abend um den Küchentisch versammelt und bereits von Mutters Kochkünsten und leckeren Kuchen auf ein außergewöhnliches Ereignis eingestimmt. Bei abgedunkeltem Licht erzählte Vater eine selbsterdachte Weihnachtsgeschichte, in der ich mit meinen Geschwistern vorkam. Irgendwann gab meine Mutter dem Vater ein geheimes Zeichen, und er beendete die Erzählung. Mit großen Augen und heißen Ohren ging es hinüber ins Wohnzimmer. Da stand der Baum, den das Christkind eigens für uns gebracht hatte. Vom Boden bis zur Decke erglänzte er in silberner Pracht, die in unseren Kinderherzen eine Tür zum Himmel öffnete, um für ein ganzes Leben offen zu bleiben.

Voller Ereignisse endete das alte Jahr, und das neue begann voller Erwartungen. Es ging zunächst aufwärts mit der wirtschaftlichen Lage Deutschlands. Hitler bekämpfte die ungeheure Zahl der Arbeitslosen durch Arbeitsbeschaffung. So ließ er Reichsautobahnen bauen, Sümpfe und Meeresteile trockenlegen und versprach den Gemeinden und Privatleuten zahlreiche Unterstützungen. Das Bauerntum erhielt in diesem Zuge das alte Ansehen zurück, und die gesamte deutsche Jugend mußte im Arbeitsdienst die Bedeutung körperlicher Tätigkeit erfahren.

Mit Stolz trugen die Mädchen und Jungen die Uniform und verrichteten ihre Pflichten, ohne zu murren. Sie lernten auch in der Gemeinschaft zu leben, sich gegenseitig zu helfen und zum Vorbild der rechten deutschen Gesinnung zu werden. Nach der Rückkehr aus dem absolvierten Pflichtjahr erkannten oftmals die eigenen Eltern ihre Kinder nicht wieder. Als Parteimitglieder der SA oder SS hatten sie eine Schulung genossen, die die Eltern zwischen Ratlosigkeit und Bewunderung hin und her warf und der eigenen Erziehung keinerlei Angriffspunkt gewährte. Die Jugend wollte in erster Linie nicht länger demütig sein und alles jenen überlassen, die das Vaterland ausgezehrt hatten. Stolz wollte sie sein, stark und alle volkswichtigen Belange entscheiden. Diese neue Geisteshaltung respektierte besonders die Religion, die Kultur und die Geschichte.

Das Ziel lag zunächst einmal darin, eine starke Regierung zu schaffen, die dem Land wieder Ansehen gibt. Eine wahre Gemeinschaft aus deutschen Stämmen sollte entstehen, und Bürger wie Arbeiter sollten das geachtete Volk bilden. Auf Ewigkeit sollten der deutsche Glauben, die deutsche Kultur, die deutsche Ehre und die deutsche Freiheit vereint sein. Nach außen hin sollte Deutschland als Opfer des Ersten Weltkrieges den anderen Ländern Freund, Verbündeter und Erhalter eines Friedens sein, der gleichsam allen Menschen zugute kommt. Solche und ähnliche Worte Adolf Hitlers fanden bei jedem Gehör. Damals war man stolz darauf, in ihm eine Leitfigur gefunden zu haben.

Kapitel 3: Pfingstfest und Brauchtum im Taubertal anno 1938

Zu keiner Zeit im Jahr hatte die Taubertalstraße eine größere Anziehungskraft erlangt als zu den Pfingstfeiertagen. Wie von magischer Hand geleitet zog es die Gäste von nah und fern zum Festspiel „Der Meistertrunk von Rothenburg" durch das enge Tal bis vor die mittelalterlichen Tore der kleinen Stadt. Alle Besucher wollten miterleben, wie unsere Vorfahren vor Hunderten von Jahren ihren Alltag bestritten, Politik und Handel betrieben. Zu sehen gab es zahlreiche historische Umzüge und Kostüme, dazu die Kulisse des prunkvollen Rathauses.

Menschen im Zylinder und Frack fuhren in Automobilen, Pferdekutschen besetzt mit Kommerzienräten und deren Familien, dazwischen galoppierende Reiter, Ponys angespannt vor Leiterwagen, deren letzter Platz mit jungen Knechten und Mägden besetzt war – alle diese unterschiedlichen Menschen waren teilweise von weit angereist. Die Ärmeren hatten sich auf Schusters Rappen mit Rucksack und bunten Mützen oder mit Fahrrädern und Sträußchen am Hut nach Rothenburg ob der Tauber begeben. Die Gasthäuser entlang des Weges hatten sich auf diese Tage bestens vorbereitet. Die kleinen Brauereien lockten mit einem neuen Sud in den Fässern. Zum Willkommensgruß waren die Masten entlang der Straße mit Fahnen geschmückt. Die Menschen im Dorf schienen alle heiter und irgendwie verliebt in diese erwartungsvollen Tage.

Wie mit dem Wetter verabredet, hatte die Natur mit jungem Birkengrün die Furt an der Gollachbrücke in ein Zartgrün verwandelt. Und auch wie zur Krönung erhoben sich am Lindenplatz mitten aus dem Asphalt zwei breit umbuschte Kastanienbäume, die den Reisenden beim Vorübereilen ihre Blütenkerzen entgegenstreckten.

Fasziniert war ich von den immer neu entstehenden Bildern, von chromglänzenden Verzierungen am tiefschwarzen Lack der Automobile, deren Inneres aus roter Lederpolsterung und Chauffeur zu bestehen schien. Diese fuhren nur leider viel zu schnell an mir vorüber, als daß ich einen kurzen Blick auf die eleganten Herrschaften im Inneren hätte werfen können. Es war wunderbar, die schmalen Kutschenpferde galoppieren zu sehen. Es schien, als ob ihre weit ausholenden Hufe den Asphalt kaum berührten und sie wie von unsichtbaren Flügeln getragen würden. Hinter sich her zogen sie die gefederte Kutsche. Mit wehmütigem Vergnügen verfolgte ich das Treiben. Wie gerne würde ich bei diesen Leuten dabeisein und in einer Prunkkutsche sitzen oder in einem Automobil dahinsausen! Zum ersten Mal empfand ich das schicksalhafte Hineingeborensein in eine wirtschaftlich unsichere Situation als schmerzvoll.

Natürlich könnte ich diesen Pfingstsonntag des Jahres 1938 auch mit wenigen oberflächlichen Sätzen skizzieren, aber diese Lebenseindrücke haben sich in meiner Erinnerung festgesetzt. Ich habe diesen Tagesablauf auch deshalb der Vergessenheit entrissen, weil das Belanglose eigentlich den größten Teil des Lebens ausmacht. Tatsache ist jedenfalls, daß diese prickelnde Neugier des jungen Menschen mit einer Hellsichtigkeit, die in den Gefühlen verankert ist, dem geschulten Gedächtnis immer einige Schritte des Erinnerns vorausgeht. Um so mehr, als ich das Glück habe, keine zusätzlichen Hilfmittel zu brauchen, um das vergangene Erlebte sachlich fixiert vor meinem inneren Auge zu haben. Schwierigkeiten bereitet es mir nur gelegentlich, für meine oftmals überquellenden Gefühle die richtigen Worte zu finden.

Kapitel 4: Die erste Jahreshälfte 1938: Frühling und Sommer vor dem Zweiten Weltkrieg

Meine Kleinkinderzeit war nahezu vorüber. Wahrscheinlich würde ich die Jüngste in der ersten Schulklasse sein, doch hatte ich von offizieller Seite aus die Schulreife bestätigt bekommen. So galt es längst als beschlossene Sache, daß ich eingeschult wurde, und mir konnte das nur recht sein. Ich muß gestehen, gelangweilt habe ich mich fast immer in der Anstalt. Die katholische Kinderschwester hatte sich zwar sehr bemüht, den verschiedenen Altersstufen gerecht zu werden, aber in der Praxis blieben ihre Versuche erfolglos. Wenn die lärmende Bande einmal wieder nicht im Zaum zu halten war, setzte sie sich ans Harmonium und spielte Kinderlieder oder erzählte eine spannende Geschichte. Für diese beiden Dinge liebte ich sie sehr, mehr, als ich ihr das je gezeigt habe.

Überglücklich waren wir, meine jüngere Schwester Leni und ich, immer wenn uns Mutter vom Kindergarten abholte. Oftmals geschah dies auch, weil sie uns rasch bei einer Arbeit brauchte. So verhielt es sich auch eines Tages, als meine Mutter zum Kindergarten kam und zu mir sagte: „Beeile dich, du mußt dem Vater das Mittagessen zum Steinbruch bringen. Du weißt ja, daß ich nicht aus dem Haus kann." An solchen Tagen haderte ich schwer mit dem Schicksal. Warum um alles in der Welt dauerten die Kinderjahre so verflixt lange? Wann würde ich endlich erwachsen sein und selbst entscheiden dürfen, was ich wollte und was nicht? Ohne groß zu murren, freundete ich mich mit den Gegebenheiten an, denn eine andere Möglichkeit gab es nicht. Leni war noch zu klein, und mein älterer Bruder Eduard drückte bereits die Schulbank der zweiten Klasse. Für derartige Notfälle gab ihm kein Lehrer frei.

Die Tasche mit Vaters Mahlzeit war meist schon schwer genug, doch wenn Mutter noch eine Flasche Apfelmost dazusteckte, wußte ich, daß die mehr als zwei Kilometer Wegstrecke bis zur Mittagspause um zwölf nicht zu schaffen waren. Mutig schritt ich vorwärts, über die Gollachbrücke zum Dorf hinaus, den Hügel hoch, dort hatte ich erst die Hälfte der Strecke geschafft. Für unsere Familie war es ein großes Glück, daß Vater nach langer Arbeitslosigkeit nun wieder mit einem regelmäßigen Wochenlohn heimkam. Adolf Hitler hatte ja große Pläne in Auftrag gegeben: den Reichstag in Nürnberg, die Autobahnen mit ihren vielen Brücken und ganz in der Nähe den Bau des Flugplatzes Giebelstadt. Zu allen diesen Vorhaben wurden Steine gebraucht, viele, viele Steine in verschiedenen Formen und Größen.

Mit jedem Schritt hing die Tasche schwer und schwerer am Arm. Manchmal weinte ich ein wenig, dann übernahm für einige Zeit meine eher optimistische Grundstimmung die Oberhand. Ja, es konnte geschehen, daß ich zuweilen sogar sang oder nie gehörte Phantasieworte erfand. Auch groteske Situationen dachte ich mir aus, wobei ich häufig völlig vergaß, weshalb ich eigentlich unterwegs war.

Wenn im Frühsommer der Weizen hoch stand und allmählich die gelbe Farbe annahm, war er reif. Dann ging ich auf dem holperigen Weg wie durch ein Spalier. Der Himmel über mir ein Streifen, je nach Wetterlage gemustert oder tiefblau. Je näher ich dem Ziel kam, um so schwerer hing die Brotzeittasche an meinem Arm. Die Abstände, den Beutel von einer Hand in die andere zu wechseln, wurden immer geringer und meine Schritte zunehmend kürzer. Schlehenhecken am Wegrand ließen hin und wieder einen Durchblick auf die weite Landschaft zu. Dann konnte ich die wenigen Häuser des kleinen Dörfchens Buch zum Greifen nahe sehen. Bei günstiger Witterung hörte ich vom gedrun-

genen Zwiebelturm der kleinen Kirche sogar den Viertelstunden-
schlag herüber. An dieser Stelle hatte ich die letzte Wegkrüm-
mung erreicht. Das niedrige Gehölz wurde sparsamer, Rüben-
und Kartoffelfelder mit ihren schlauchartigen Parzellen wiesen
zum kleinen Hügel am Horizont hin. Dort waren die mageren
Fichten und Föhren mit ihren gewundenen Ästen gefällt worden.
Schwere Lastwagen rappelten mit groben Gummireifen über den
Keuperboden, bis die letzten vom Dorfschäfer übriggelassenen
Flechten und Moose abgerieben waren und ihr Grund wie eine
staubende Wunde in der Landschaft lag.

Endlich war ich angekommen: Gegen Wind und Wetter erhob
sich eine langgezogene Bretterhalle an der höchsten Stelle des
Steinbruchs. Von hier aus konnte mich Vater herankommen sehen. Häufig kam er mir den Hang herunter entgegen, denn das
Zwölfuhrgebimmel hatte meistens ausgeläutet. Ein eigenartiger
Geruch nach frisch geschaufelter Abraumerde lag über dem großen Loch. Unter dem schattigen Dach der Halle hatten sich kleine Menschengruppen niedergelassen. Es fiel kaum ein Wort, lediglich Papierraschen, Flaschenöffnen und Kauen waren zu hören. Die Männer hatten die staubigen Schildmützen an den Oberschenkeln abgeklopft, die Hände quer vor dem Oberkörper durch
die Achselhöhlen gezogen und dann erst zur Flasche gegriffen.
Hunger verspürten die Arbeiter erst, als sie einen Schluck ge-
trunken hatten. Lange Bärte trugen die gelernten Steinmetze, grau
vom Steinstaub waren ihre Augenbrauen. Sie waren es auch, die
aus einem unförmigen Brocken kunstvolle Profile herausschlugen,
die später an Staatsbauten bewundert wurden. Hier entstanden
also die profilreichen Quadersteine, die Hitlers Tausendjähriges
Reich pflastern sollten.

Vater zeigte mir während dieser Ruhestunde seinen Arbeitsplatz. Bewundernd hörte ich seine Worte, sprach er doch zu mir

wie zu einem Erwachsenen. Mein Vater war ein gutaussehender, sportlicher Mann in den besten Jahren. Jetzt bückte er sich, um eine Handvoll gelben Lehm aufzuheben und zu zerkrümmeln. „Siehst du über dem Felsen die Schichtplatten dort, darüber den Keuper, vermischt mit diesem ockerfarbigen Lehm? Siehst du auch die humusreiche Erde, die alles abdeckt und sich schützend über das Ganze breitet?" Dort oben begannen bereits die Hilfskräfte, mit Pickeln und Schaufeln die verschieden hohen Schichten vom wertvollen Fels abzutragen, die dann mit zartem Fingerspitzengefühl von der Steinbrechergilde bearbeitet werden.

Während er mir alles erklärte, kamen mit schweren Schritten auf ihren Nagelschuhen die ersten Arbeiter nach der Pause in den Bruch. In ein Stück Fels hatten sie eine Nut geschlagen, Eisenkeile angesetzt und mit schweren Eisenhämmern den Stein aufgespaltet. Sie standen davor in ihren braunen Manchesterhosen, darüber blaue Schürzen, die Ärmel der kragenlosen Hemden hochgekrempelt, eine Schnupftabaksdose in der Hand. So besprachen sie ihr weiteres Vorgehen. Respekt zeigten diese Männer vor den steinernen Quadern. „Jeder einzelne Block hat eine Seele", erklärte mir Vater. „Jeder Stein reagiert auf Wärme und Kälte, auf eine Holzwelle zuwenig oder zuviel und rächt sich bei jedem unsachgemäß angesetzten Hebel." Von zwei Männern wurde ich eingeladen, den Steinbruch auf einer gefüllten Abraumlore zu verlassen. Vorgespannt wie zwei Pferde zogen mich diese Arbeiter auf den männlichsten Arbeitsplatz, den ich damals kennengelernt hatte. Unendlich viele kleine Schritte standen mir auf meinem langen Heimweg bevor. Der glockenreine Klang der bearbeiteten Steine begleitete mich noch eine Weile. Dann übernahmen Heckenvögel das Konzert, dirigiert von den schwarzberockten Schwalben hoch am Himmel, die die erste Geige fiedelten.

Bunt bemalte Lehmschusser galten bei uns Kindern als Währung. Fast alles konnte damit eingetauscht werden, und so war das Spiel mit den Kugeln äußerst beliebt. Man brauchte nur eine Vertiefung im Boden, einige Freunde, und schon konnte jeder seine Geschicklichkeit zeigen. Kreisel drehen oder Fangen spielen, auf Stelzen laufen oder mit einem Stock einen Reifen durch das Dorf zu jagen, viel mehr gab es für uns Kinder nicht zu spielen. Es sei denn, man versuchte sich an verbotenen Spielen, wonach wir aber regelmäßig Prügel bezogen. Dazu gehörte, frisch gewaschene Wäsche mit Erde zu bewerfen, alte gebrechliche Menschen nachzuäffen oder immer gerade dort Ball zu spielen, wo es viele Fenster gab. Was erschienen uns erwachsene Menschen doch als spießig und langweilig – erst viel später begreift man auch, warum das so ist.

Im Spätsommer muß es gewesen sein, die Getreideernte war eingebracht, die Vorbereitungen für das Einholen der Kartoffeln im Gange, als ein offizieller Brief in der Familie meiner Mutter für große Verwirrung sorgte. Onkel Michael hatte sich innerhalb von 14 Tagen bei der Reichswehr in München einzufinden. Soldat war er im Ersten Weltkrieg gewesen, dann Bauer auf dem eigenen Hof. Politisch hatte er sich nie betätigt, um so rätselhafter erschien allen diese Vorladung. Mit einem kleinen Koffer und der Meinung, in ein bis zwei Tagen zurück zu sein, verließ er sein Zuhause. Nach acht Tagen wurde die Familie unruhig. Es wurden Briefe geschrieben, der Bürgermeister bemüht und Telefonate geführt. Nach vielen Wochen der Ungewißheit stand auf einer Postkarte, der Gesuchte sei in München eingetroffen, und weitere Benachrichtigungen würden folgen. Sieben lange Monate des Wartens vergingen, als per Einschreiben mitgeteilt wurde, daß der Gesuchte vor kurzem leider verstorben sei. Die Urne mit der Asche könne aber gebührenpflichtig angefordert werden.

Großvater hat den ungeklärten Tod seines Sohnes nie verwunden und starb noch vor Hitlers Kriegserklärung 1939.

Hitlers Regierungsmethoden, die Menschen mit Zuckerbrot und Peitsche zu verwalten, hatte damit auch auf dem Lande gegriffen. Vorsichtiges Ducken war nun in jeder Situation angebracht, um so zum lauen Mitläufer einer großen, mächtigen Maschinerie zu werden.

Doch zu tief hatte es meine Familie getroffen, um einfach resigniert zur Tagesordnung überzugehen. Man war entschlossen, notfalls über die Partei die Hintergründe aufzudecken und den wahren Sachverhalt ans Tageslicht zu bringen. Was hatte diesen plötzlichen Tod verursacht? Wer hatte ihn zu verantworten? Wir wollten es wissen, und so wurde die dicke Anna konsultiert. Als Blockwärterin der NSDAP sollte sie über das Zentralbüro gezielte Erkundigungen einholen. Ihre vermeintlichen Bemühungen wurden großzügigst mit Naturalien abgeglichen. Monatelang vermochten ihre wortgewandten Darstellungen Butter und Wurstsegen einzubringen. Doch letztendlich gab es keinen Beweis der von ihr in Erfahrung gebrachten spärlichen Information. Überdies fand sich auch kein Anwalt bereit, einen Schuldigen zur Rechenschaft zu ziehen.

In der Zwischenzeit hatte sich die dicke Anna jedoch an die so nahrhafte Leistung meiner Familie gewöhnt. Als sie merkte, daß sich für sie die Freßkörbe endgültig erschöpften, spannte sie mich für kleinere Botengänge ein. Das passierte immer, wenn ich an ihrem Haus vorbeigehen mußte, und das war oft. Schon als Kind kam mir ihr Haushalt und ihre Tätigkeit seltsam vor. Immer dann, wenn Parteifreunde bei ihr zu Gast waren, brauchte sie plötzlich Watte, viel Watte ... Wieder einmal rief sie mich zu sich. Hinter dem Haustürspalt und einem viel zu schmalen Handtuch quollen ihre gewaltigen Brüste zwischen den Preisringerarmen wie überdimensionierte Dampfnudeln aus dem Stoff. Sie reichte mir etwas Geld nach draußen und befahl: „Gehe zur Margreth und hole mir eine Packung Watte, aber eine große, und beeil dich." Im Krämerladen nebenan kannte man ihre Wünsche bereits und hatte sich offensichtlich mit Watte eingedeckt. Als ich das Geforderte ablieferte, war sie immer noch leicht bekleidet und überall entsetzlich aufgedunsen; für mich und meine Kinderaugen ein absoluter Schock. Wie leicht hätte sie ihren dicken Körper unter einem Bettlaken oder einer Hakenkreuzfahne vorteilhaft verbergen können.

Kapitel 5: Hitlers Kriegserklärung 1939 und wie sich das Leben einer Siebenjährigen verändert

Ein junger Tag voller Freude und Leichtigkeit, so sind mir die Morgenstunden dieses schicksalhaften Datums in Erinnerung geblieben. Am Tag vorher besuchte uns meine Cousine Luise aus Würzburg, um eine Woche auf dem Land zu verbringen. Es gab noch nichts in meinem siebenjährigen Leben, das mir ernstlich Sorgen bereitet hätte. Leicht hüpfte ich durch ein armes, aber abwechslungsreiches Leben. Mutter und Vater hatten die Geschwister um drei Kinder anwachsen lassen, und wir alle waren glücklich mit dem, was wir hatten.

An diesem Morgen wurden wir früher als sonst geweckt. Großeltern, Eltern und Geschwister sollten gemeinsam mit unserem Gast das Frühstück einnehmen.

Später zeigte ich meiner um drei Jahren älteren Cousine unsere geliebten verbotenen „Spielplätze" im Dorf, denn offiziell durfte es gar keine geben. Wir Kinder spielten häufig dort, wo sich der Unrat aus dem ganzen Dorf angesammelt hatte: Am früheren Dorfgraben, der sich mit uralten Weidenkoppen rund um das Dorf erstreckte. Sein Wasser hatte sich längst zu Morast eingedickt, und nur wenige Pfützen waren für Frösche und Lurche übrig geblieben.

Als weiteren Spielplatz bot sich der Flußlauf der Gollach mit seiner Bogenbrücke, dessen Furt übrigens noch heute zu sehen ist. Dort hatte man auch einen Bildstock aufgestellt, zum Gedenken an das Schicksal des Burgherrn von Geier. Dieser hatte einst seinen Knecht angefeuert, die Gollach bei Hochwasser zu überqueren, und war dann selbst in den Fluten ertrunken. Die Sage von diesem Unglück hat sich bis zum heutigen Tag lebendig erhalten und wird in vielen Abweichungen erzählt.

Nun aber zurück ins Jahr 1939: Vom Vormittag hatten Luise und ich mehr als die Hälfte verspielt, als aus den Häusern, deren Bewohner einen Volksempfänger besaßen, die Lautsprecher schrill zu dröhnen begannen. Wie aus dem Nichts liefen plötzlich weinende Frauen auf die Straße, bildeten Gruppen, rannten umher, jammerten, ließen ihr Arbeitsgerät fallen und benahmen sich so, wie ich es von erwachsenen Menschen nicht kannte. Diese ungewöhnliche Reaktion veranlaßte uns, unverzüglich nach Hause zu gehen. Eine Nachbarin, bei deren Hochzeit ich Blumenmädchen gewesen war, stand am geöffneten Fenster und weinte herzzerreißend, dazwischen schrie sie immer wieder: „Wir haben Krieg!" Ich empfand das, was um mich herum geschah, wie ein irrsinniges Theaterstück, bei dem der ganze Ort Bühne und ich eine unfreiwillige Zuschauerin war. Luise begann zu weinen und wollte mit dem nächsten Zug sofort nach Würzburg zurück. Wahrscheinlich würde auch ihr Vater, mein Onkel Konrad, an die Front eingezogen werden.

Als sich die Aufregung langsam gelegt hatte, ging für uns das Leben weiter, und so stand auch ein Schlachttag an. Außer Handreichungen, kleinen Botengängen oder Kinderbetreuung gab es für mich noch keine festen Pflichten. Nur einiges ist mir in Erinnerung geblieben, weil es sich oft wiederholte, so auch die regelmäßigen Besuche bei Max.

Durch ein kleines Fenster blinzelte nur spärlich die Sonne. Ein buntes Allerlei aus Gebrauchsgegenständen hatte Max in seiner dürftigen Kammer angehäuft. Kisten und Körbe stapelten sich, auf dem Bett lagen Jacken und Mäntel. Durch den Rauch des Kanonenofens hatten sich die Dachziegel dunkel verfärbt. Die Dachlatten, in die er behelfsmäßig einige Haken zum Aufhängen seiner Sachen geschlagen hatte, besaßen angekohlte Stellen. Max, der ehemalige Gemeindediener, galt im Dorf als sehr arm.

Aus dem Ersten Weltkrieg brachte er eine schwere Verwundung mit und lebte nach dem Tod seiner Mutter in dieser schäbigen Dachkammer. Hier sollte er auch einmal sein Leben beenden, und es gab niemanden, der darüber nur eine Träne vergossen hat. Wahrscheinlich, weil er so unauffällig war, wurde er von allen gemocht. Seine Verschwiegenheit und seine Freundlichkeit brachten ihm in seinen Dienstjahren so manche Zuwendung ein. Als er krank und alt wurde, war es Ehrensache der Dorfbewohner, ihn zu versorgen. Einmal brachte ich Max eine Kanne Metzelsuppe, in Papier eingewickeltes Kesselfleisch, Leberwürste, eine Blutwurst und ein Paar Bratwürste mit. Das von Zeitungspapier umhüllte Päckchen legte er auf einen ausgedienten Koffer. Nur für die Fleischbrühe hatte er noch keinen Topf gefunden, in die er sie gießen konnte. Während er danach suchte, saugte sich mein Blick an einer bestimmten Stelle fest. Neben dem mit Wachs verkrusteten Kerzenhalter stand die Gemeindeschelle. Wie oft hatte ich ihren Klang schon gehört. Max hatte sie geschwungen und war mit den neusten Nachrichten durch die Gassen gehumpelt. Selbst heute, nach einer Ewigkeit, habe ich ihren durchdringenden Klang noch im Ohr. Da stand die Glocke also, eine kindskopfgroße Schelle, so ausgedient und nutzlos, wie sich ihr Besitzer fühlen mußte. Plötzlich reichte mir Max die leere Kanne, und ich stieg die schmale Treppe, die zu seiner Kammer führte, wieder hinab.

Daheim erwarteten mich bereits die Großeltern. Großvater hatte die Sense geschultert, und Großmutter meinte: „Du darfst heute mit zum Futterholen." Leichtfüßig hüpfte ich den beiden voraus, am Rathaus vorbei, über das Dorfgrabenbrückchen, die Mühle zur linken Hand. Unterhalb vom Käppele gab es eine Wiese, eingerahmt von Büschen, die ihrer hügeligen Form nach wie ein Kopf mit Haaren aussah. Die eine Seite wurde von einem dichten Grün aus Büschen und Gestrüpp begrenzt. Auf der Hügelseite wuchsen hohe Bäume, und von unten sah es oftmals aus, als würde sich eine Wolkenmütze über die Baumkronen schieben. Großvater hatte bereits Maht um Maht mit weitausholenden Sensenschwüngen das frische Gras zu Doppelrangen zusammengeschoben. Die Sense sauste mit Ritsch-Ratsch durch die saftigen Kräuter. Großmutter war damit beschäftigt, das Futter in ein Grastuch aufzutürmen. Immer wieder drückte sie die zusammengeschobenen Grashaufen in eine runde Form. Großvater half ihr beim Binden der Knoten, und gemeinsam schwangen sie das große Bündel auf Großmutters Kopf. Majestätisch schritt sie dahin, die Haltung einer Königin gleich, deren Robe aus einer fränkischen Bauerntracht bestand. Ihre kräftig ausschreitenden kleine Füße schwangen den plissierten Rock mit der Halbschürze wie der Klöppel an einer Glocke. Mit dem enganliegenden Mieder und dem Samtband im Haar sah ich meine Großmutter mit anderen Augen. Durch diesen Grasballen kam sie mir fremd vor. Fremd und schön zugleich, schön mit ihren weichen Gesichtszügen und der Stupsnase, den lustigen Augen, von der Bewegung her grazil wie eine Tänzerin. Es kam mir so vor, als würde sie zu einer stillen Melodie tanzen.

Ganz anders sah mein Großvater mit der nach vorne gebeugten Haltung aus. Er verkörperte den Bauern, mit seinem auf dem Rücken getragenen Werkzeug, den hellen Augen und dem scharfen Verstand. Unmengen von Schnupftabak stopfte er zu jeder Gelegenheit in sich hinein. Immer wieder holte er die ovale Deckeldose aus der Westentasche. Seine feste, dunkle Stimme ließ den unbeugsamen Willen schon erahnen, der sich im Zusammenleben dieses ungleichen Paares eine Ehe lang bewahrt hatte.

Vor einem halben Jahrhundert hatten sich die beiden beim Kirchweihtanz kennengelernt. Liebe auf den ersten Blick sei es wahrlich nicht gewesen, wie meine Großmutter oft lächelnd erzählte. Doch manchmal geschehen Dinge im Leben eines Menschen, die sich niemand so recht erklären kann. Selbst wenn das tägliche Leben immer wieder aufs neue seinen Tribut verlangt, so dominierte im Dorf nur ein Thema, das alle Menschen gleichermaßen betraf: der Krieg und das nackte Überleben.

Hitler hatte der Welt den Krieg erklärt, dies war das erste an diesem Morgen, das ich zu hören bekam. Die Nachbarn riefen es sich zu, um dann die Arbeit völlig liegenzulassen und miteinander zu diskutieren. Die Familien versammelten sich in den Häusern und beratschlagten, was dadurch auf sie zukäme. In den Gassen bildeten sich Männergruppen. Heftige Reden zwischen denen, die den Ersten Weltkrieg überlebt hatten, und denen, die wohl als erste einberufen werden würden, entbrannten. Die Volksempfänger sorgten mit Überlautstärke für immer neuen Diskussionsstoff. Mit aufpeitschenden Marschklängen und aufrührenden Propagandareden wurden die einfachen Menschen gehörig durcheinandergebracht. Keiner verstand eigentlich, was es mit diesen Reden aus dem Führerhauptquartier in Berlin auf sich hatte. Einfach abwarten, das war alles, was man tun konnte. Viele junge Frauen weinten. Andere wiederum beratschlagten, wie der Einberufung ihrer Männer zum Kriegsdienst zu begegnen sei. Die über 30jährigen Männer glaubten sich für den Dienst an der Waffe schon zu alt. Wegen Kinderreichtum bastelten andere bereits an einem Rückstellungsgesuch, und so mancher horchte in sich hinein, um ein körperliches Gebrechen aufzuspüren. Am nächsten Tag flatterten die so gefürchteten Einberufungsbefehle bereits ins Haus. Eine Angst kam auf, die sich mit ohnmächtiger Wut auf die Polen mischte, die das deutsche Volk nicht in Ruhe seine große Pläne verwirklichen ließen. Diesen Unruhestiftern mußte man ein für allemal die Grenzen zeigen, ihnen klarmachen, bis hierher und nicht weiter – so und ähnlich klang die öffentliche Meinung. Voll heroischen Muts glaubte jeder, daß ein Waffengefecht unsere Feinde schon das Fürchten lehren würde und Deutschland stärkemäßig allen überlegen sei.

Im Verhalten der Dorfbewohner geschah zu dieser Zeit auch etwas Merkwürdiges. Wie von Geisterhand fielen die unsichtbaren Zäune, an denen mit Haß und Neid gebaut worden war. Nun sprachen plötzlich Leute wieder miteinander, die sich schon Jahre aus dem Weg gegangen waren. Unerwartet öffnete man sein Innerstes und zeigte Gefühl. Mütter, die ihren Kindern einst verboten hatten, miteinander zu spielen, trösteten sich gegenseitig, da ihre Kinder oftmals im gleichen Zugabteil an die Front fuhren. Ein Gefühl um das gleiche Schicksal war spürbar. Es gab keinen so großen Unterschied mehr zwischen arm und reich.

Die ganze Zeit über ertönten feurige Reden vom Reichspropagandaminister Göbbels und Hitlers Parolen vom Heiligen Deutschen Reich. Dazwischen erklang Marschmusik. Wer konnte sich dieser Propaganda-Maschinerie verwehren, wenn das eigene Land Hilfe braucht? So wirkten die Reden in doppelter Form: beruhigend und anfeuernd. Ein Teufelskreis kam in Gang. Tage und Wochen vergingen, die Elite-Soldaten wurden an die Front geschickt. Versorgungszüge rollten gen Osten, mit allem bestückt, was für den Kampf gebraucht wurde.

Hoffnung und Mut faßten dagegen die Daheimgebliebenen nach den täglichen Sondermeldungen. Diese Meldungen hielten sich an kein Radioprogramm, sie wurden sofort nach dem Eintreffen in der Rundfunkstation über den Äther geschickt. Voraus ging auch ihnen immer Marschmusik, die den Hörer aufstacheln sollte. Die Sprache der Meldung selbst zeichnete sich aus durch eine aufreizende Exaktheit, die die Fortschritte und Eroberungen an der Front erläuterte. Zum Schluß erklang das Deutschlandlied in allen Strophen. Dieser Ablauf verklärte die Folgen des Krieges wie Sterben, Vernichtung, Tod. Als die ersten Gefallenenmeldungen unser Dorf erreichten, wurde auch dem letzten klar, daß man den Krieg in seinem tatsächlichen Ausmaßen völlig unterschätzt hatte. Nachdem der Polenfeldzug beendet war und überall in Europa deutsche Truppen einmarschierten, schien jeder Handgriff ein kriegswichtiger Akt zu sein. Die Lebensmittel wurden rationiert, und die Bauern hatten ein Abgabesoll zu erfüllen. Rohstoff-Sammlungen vom Lumpen bis zum menschlichen Haar wurden durchgeführt. In endlosen Stunden wurden Handarbeiten für die Lieben an der Front gefertigt oder Kräuter gesammelt. Den Bauern wurden die Pferde aus dem Stall beschlagnahmt, Frauen und Mädchen zur Zwangsarbeit in den Rüstungsbetrieben eingezogen und die Knaben zum Arbeitsdienst aufgerufen. Die Frauen blieben die eigentlich Leidtragenden: Es war selbstverständlich, daß die anfallende Männerarbeit von ihnen gewissenhaft weiter erledigt wurde, ob bei der Feldarbeit hinter dem Pflug oder an schweren Maschinen in kriegswichtigen Betrieben. Kinder und Haushalt wurden nebenbei versorgt. Alle Anstrengungen schienen auf eine glorreiche Zukunft ausgerichtet zu sein.

Doch die Wegweiser, die der Krieg setzte, wiesen in eine andere Richtung, so auch in meiner Familie: Onkel Michael, der mit seiner kleinen Familie nebenan wohnte, hatte seinen Stellungsbefehl erhalten. Nach einer kurzen Rekrutenzeit in der Kaserne am Truppenübungsplatz wurde er sehr schnell an die Ostfront geschickt. In unregelmäßiger Folge erhielten wir seine Feldpostbriefe. Nach einem halben Jahr bekam er erstmals Fronturlaub. Im Warten auf Nachricht von den Angehörigen hofften wir täglich, daß das mörderische Gemetzel bald zu Ende ginge.

Eine Galgenfrist für Kinderreiche hatte man meinem Vater zunächst gewährt. Als Reservist erledigte er seit einigen Monaten Dienst in der Kaserne. Aber auch diese kleine Vergünstigung schwand mit jedem Tag, an dem die Front sich vergrößerte.

Kapitel 6: Das erste Kriegsjahr 1940

Im ersten Kriegsjahr kam mir die Fastnacht besonders lange vor. Irgendwie schien die närrischen Tage länger als sonst anzudauern. Es war Krieg, und jeder dachte wohl mit Stolz an die zu diesem Zeitpunkt noch erfolgreich verlaufenden Feldzüge. Irgendwie mußte das gefeiert werden. Mit acht Jahren sah ich auch erstmals einen Faschingsumzug. Unser Nachbar, ein betagter Steinhauer, beteiligte sich daran mit einer Moritat. Dabei hatte er ein Plakat an einer langen Stange befestigt und schlug zur Unterstützung seines marktschreierischen Vortrags mit einer Rute auf das jeweils passende Bild. Unsere Nachbarin Rosine hingegen, die im täglichen Leben ausschließlich Bauerntracht trug, tanzte als feurige Spanierin durch die Gassen. Viel Fußvolk lief hinter der blumengeschmückten Blaskapelle einher. Großvater und Vater marschierten in der ersten Reihe mit; hatte doch Urgroßvater noch im 18. Jahrhundert als Militärmusiker die Musikkapelle Bieberehren gegründet. So war es selbstverständlich, daß jeder Sproß unserer Familie musikalisch angelernt wurde. Das Spielen von Tanzmusik galt ja immer schon als zusätzliche Verdienstquelle. Für einen Abend war ein Musiker meistens mit einer Mark und einem Krug Bier bezahlt worden. Der Ruf als guter Musiker war meinem Großvater einst bis nach Rothenburg vorangeeilt, und so konnte er sich manches Goldstück dazuverdienen.

Einberufungen zum Militär erschreckten die Menschen täglich, besonders wenn der Befehl, wie im Fall meiner Tante Brigitte und meines Onkels Ruppert, wenige Wochen nach der Hochzeit kam. Nun hielten beide den Stellungsbefehl in Händen. Tagelang hörten wir vom oberen Stockwerk das Weinen der jungen Braut; kurze Zeit später war der junge Ehemann dann fort. Die Nachrichten in den Zeitungen und die Meldungen aus dem Volksempfänger ließen auf ein baldiges Kriegsende schließen. Freude befiel nun auch die weniger national gestimmten Deutschen. Der Einmarsch in Paris mußte selbst den letzten Hitlergegner überzeugt haben, daß es eine verheißungsvolle Zukunft gab. Jeder Deutsche sollte delegieren und verwalten. Ganze Länder in Besitz zu nehmen, diese Vorstellung ließ jedes patriotisch gesinnte Herz noch höher schlagen. Die Menschen öffneten ihre Fenster und riefen einander die aktuellsten Nachrichten zu. Die Alten empfanden darin den gerechten Ausgleich für die Schmach des Ersten Weltkriegs. Es schien, als sei für diese Wunde endlich das geeignete Pflaster gefunden.

Doch für mich hielt der Alltag noch keine einschneidenden Veränderungen bereit. Wie an jedem Morgen zeichnete der Strohsack, auf dem ich die Nacht verbracht hatte, genau die Formen meines Körpers nach. Nun mußte ich dieses schützende Nest verlassen, um die verhaßten Strümpfe anzuziehen. „Deine Strümpfe haben Löcher", hatte Mutter am Vorabend wiederholt gemahnt. „Du bist alt genug, um sie selber zu stopfen." Selbstgestrickte braune Wollstrümpfe waren es, mit einem Knopf über dem Knie für die Strapse. Die gleiche Wolle hatten wir nicht mehr vorrätig, deshalb hatte ich Tage vorher mit einem schwarzen Faden die Löcher zugezogen. Nun waren die Löcher aber wieder da, sogar noch größer. Orientiert am Knopf, war der rechte Strumpf an der Ferse völlig durchgescheuert, und am linken ragte meine große Zehe hindurch. Nun überlegte ich, auf der Bettkante sitzend, was ich tun konnte. Ich hatte keine gute Ausrede, der Anweisung meiner Mutter zu entkommen. Es nützte mir auch wenig, wenn ich den linken Strumpf an den rechten Fuß anzog, denn dann paßten die Knöpfe wiederum nicht. Also mußte ich eine andere praktikable Lösung finden. Widerwillig zog ich mein Leibchen an und knöpfte die Strapse an den dafür vorgesehenen

Stellen über dem Knie fest. Danach zog ich den Zehenteil so weit nach vorne, wie es ging, so daß die löchrigen Strickteile einfach umgeschlagen unter meiner Fußsohle verschwanden. Dadurch verkürzte sich natürlich die gesamte Strumpflänge um einige Zentimeter und endeten jetzt knapp über dem Knie. Mit solchen Problemen hatte ich mich damals herumzuschlagen.

Durch das unerwartete Ankommen des Großvaters in der Küche, der lautstarke Kommentare zu den fettgedruckten Überschriften aus der Tageszeitung „Der Stürmer" abgab, löste sich das lästige Problem einstweilen in Luft auf. Mit hochrotem Gesicht, die runden Brillengläser hingen schief auf der Nase, erzählte er, was er bei seiner nächtlichen Lektüre entdeckt hatte. Eine Lampe gab es nicht in seiner Schlafkammer, und so war er dankbar für jede wolkenlose Nacht mit ausreichendem Mondlicht. Beim Frühstück wurde dann diskutiert. Es ging hauptsächlich um die Enteignung der Juden, die als Ausbeuter aller Deutschen für die Kriegshetze verantwortlich gemacht wurden. Auch wurden die Juden beschuldigt, anständige Christenmädchen zu schänden und mit ihrer Kultur die deutsche Siegfried-Ideologie zu verunglimpfen.

Die Glocken vom nahen Kirchturm gaben das Zeichen zur Frühmesse, und so wurde die Diskussion unterbrochen. Jeder Schüler hatte vor Unterrichtsbeginn die Messe zu besuchen. Unser Ortspfarrer übte auch das Amt des Religionslehrers aus. Für mich als Schülerin war er ein „Teufel" von einem Gottesmann. Allein seine äußere Erscheinung hatte auf jeden eine eher abstoßende Wirkung. Seine furchterregende Größe von 1,85 Meter bei satten 100 Kilogramm Masse und das Gemüt eines Ochsenknechtes brachten Angst ins Klassenzimmer. Mit Vorliebe setzte er sich neben mich ans Schreibpult. Sein speckiges Priesterkleid glänzte am Bauch und an den Ärmeln. Knoblauchdüfte und andere undefinierbare Gerüche umwallten ihn wie die Witterung eines ausgewachsenen Daches in der Ranzzeit. Seine tellergroßen Hände jagten jedem Schüler Schrecken ein. Sein hartes Schulterklopfen dagegen ließ die Kinder in Tränen ausbrechen. Noch viel gewaltiger fielen seine Hiebe aus, wenn eine Antwort nicht nach seiner Vorstellung ausfiel. Die Familienzugehörigkeit der jeweiligen Schüler war auch schicksalhaft für die Kinder, denn er hatte seine Lieblinge. Mir ist bis heute noch unklar, warum die Beurteilungen in den Jahresabschluß-Zeugnissen so gut ausfielen: Jeder Schüler hatte eine „Eins" in Religion erhalten. Wahrscheinlich wäre mein zeitlebens eher kritisches Verhalten gegenüber der Religion und dem Glauben weniger negativ ausgefallen, hätte mir ein ganz normaler Mensch die katholischen Grundbegriffe und den Katechismus nahegebracht. Drei Stunden Religionslehre pro Woche waren für mich jedenfalls mehr als genug.

Alle anderen Schulfächer übernahm die dicke Luise. Ihre farblose Art der Unterrichtsgestaltung war sicherlich üblich zu dieser Zeit. Sie verstand es aber vortrefflich, Schifferklavier zu spielen und damit stimmungsvolle Feiern zu gestalten. Ihre Fleißkärtchen aus buntem Tapetenpapier waren bei allen Kindern sehr begehrt, zumal es als Belohnung für 20 oder 30 rechteckige Papierchen einen Bleistift oder Radiergummi gab. Die dicke Luise hatte noch eine magere Schwester namens Regina. Diese führte den Haushalt und korrigierte auch die Hausaufgaben der Kinder.

Das tägliche Einerlei wurde unterbrochen von dem Tag, an dem der erste Kriegstote geehrt wurde. Im Nachbardorf Klingen wurde der gefallene Parteifunktionär mit einer großen Ansammlung geehrt. Nähere Einzelheiten um seine Person oder seine Familie sind mir niemals bekannt gewesen. Die Partei hatte unsere Anwesenheit befohlen, und so wanderten wir Schüler die drei Kilometer lange Strecke von Bieberehren nach Klingen. Als wir ankamen, flackerten bereits lodernde Fackeln auf hohen Podesten ihr ewiges Feuer in den Vormittagshimmel. Vom Rednerpult, das mit einer roten Hakenkreuzfahne verhüllt war, brüllte ein in der braunen Uniform des Dritten Reiches gekleideter Mann Parolen zu den versammelten Kindern. Plötzlich öffnete sich die Tür des Schulhauses, und vier junge Männer betraten den Pausenhof. Sie hatten unglaublich makellose Kleidung an und bewegten sich mit exakten Schritten in ihren schwarz glänzenden Stiefeln auf die hellen Fackeln zu. Ein irgendwie faszinierendes Schauspiel spielte sich da vor meinen Augen ab. Eingeübt, um zu beeindrucken, ein Schein des Roboterhaft-Erhabenen haftete den Akteuren an. Ihre Sprache, ihre Bewegungen und ihre Kleidung hatten diese Menschen urplötzlich in etwas Fremdes verwandelt. Mit Furcht und Bewunderung zugleich vernahm ich die Worte des Redners. Es ging in seiner Ansprache um den Heldentod für das Vaterland. Ich hatte zwar alles aufmerksam angesehen, nur verstand ich den Sinn dahinter nicht. Eine eigenartige Furcht vor etwas, das ich noch nicht kannte, ergriff von mir Besitz. Dabei konnte ich nicht sagen, was es war. Denn auf irgendeine Weise gefiel mir dieses schauspielerische Gehabe auch. Offensichtlich gab es Menschen, die sich anders bewegten, anders sprachen und anders dachten als ich und meine Umgebung. Diese Menschen stehen wahrscheinlich – wie ich damals dachte – auch im geistigen Sinne eine Stufe über der Landbevölkerung. Dennoch traf mich dieser Aufmarsch bis ins innerste Mark. Es schien aber, und das fand ich unendlich traurig, daß diese Menschen nicht lachen und weinen konnten. Sie waren die Herren über ihre Gefühle und konnten einem fürchterlichen Tod etwas Erhabenes abgewinnen. Mit Trommelwirbel und Fanfaren versuchten sie den Schauder in die naiven Herzen von uns Schülern zu blasen. Diese Handvoll Männer hatte uns, wie mir später klar wurde, als rückständige Bauerntrampel empfunden, die man mit der Peitsche auf die Felder oder in den Krieg treiben kann – je nach Lust und Laune – oder denen man erst einschärfen muß, zu welchem Zweck sie überhaupt geboren wurden.

Das Jahr ging seinem Ende entgegen, und der Dezember war für mich in jeder Hinsicht ein dunkler Monat, daran änderte auch die Adventszeit nichts. Die Tage waren zu kurz und die Nächte zu lang. Die Finsternis machte die Menschen ängstlich oder depressiv, und man glaubte, daß die Geister umgingen. Nur der allabendliche Rosenkranz, der vor dem Zubettgehen gebetet wurde, konnte die bösen Mächte abwehren.

Natürlich hatte auch der Winter seine gewissen Reize. Enger als sonst rückten die Familienmitglieder zusammen. In den guten Stuben surrten die Spinnrädchen, das gleichmäßige Klappern der Stricknadeln war zu hören, die eifrig von meiner Mutter und den Tanten in Bewegung gehalten wurden. Man unterhielt sich über Gott und die Welt oder diskutierte über das Tagesgeschehen. Wer so wie ich zu den glücklichen Kindern zählte, deren Großeltern noch lebten, dem wurde kein Winterabend zu lange. Sie erzählten viele Geschichten, die sie selbst erlebt hatten, und kein Erlebnis schien ihnen zu einfältig, um es nicht zu wiederholen. Gerade das Erzählen öffnete in meiner Kinderseele eine Tür, die mein junges Leben durchaus bereicherte.

Die Nächte waren in diesen Tagen nicht nur dunkel, sondern auch eisig kalt im Haus, und so wurden die Küche und das Wohnzimmer ganztags beheizt. Dies mußte ausreichen, die übrigen Räume ein wenig anzuwärmen und den Frost fernzuhalten. Die Stall- und Kellertüren hatten an den Fugen als Frostschutz zusätzlich Strohmanschetten bekommen. Selbst die Pumpe am Brunnen wurde mit einer Schicht Weizenstroh umhüllt. Mit aufgeplustertem Federkleid spazierte das Federvieh über den Hof und versteckte bereits am späten Nachmittag sein Köpfchen unter den Flügeldaunen. Die Feldarbeit war schon seit Wochen beendet. Bis auf das Mäusevergiften auf den Wintersaatfeldern gab es nichts zu tun. Holz wurde im Wald geschlagen und alle aufgeschobenen Reparaturen in Angriff genommen. So konnte dem Winter doch eine gute Seite abgewonnen werden, selbst wenn wir bei schwerem Unwetter oft tagelang das Haus nicht verlassen konnten. Als Mittagsessen gab es meistens Eintopfgerichte. Diese bestanden aus Hülsenfrüchten, die am Vorabend aus der Spreu verlesen und in Wasser eingeweicht wurden. Erst am nächsten Tag wurden sie nach einem überlieferten Hausrezept leicht köchelnd auf der gußeisernen Herdplatte zubereitet. Der Duft aus dem großen Topf erfüllte das ganze Haus, und jeder freute sich schon vorher auf das nahrhafte und sättigende Mittagsmahl. Wir Kinder erlebten die Erwachsenen immer als unaufhörlich Beschäftigte. Dies war mit ein Grund, daß unsere Wünsche – und wären sie auch noch so bescheiden – kaum vorgetragen wurden, weil man an eine Erfüllung gar nicht glaubte. Jedes Kind kannte das aus eigener Erfahrung, und keines kam auf den Gedanken, daß es eigentlich anders sein sollte.

Der Krieg brachte es mit sich, daß sich die Kontrollen durch die nicht immer ortsbekannten Spitzel mehr und mehr verschärften. Sobald ein jüdischer Händler in unser Dorf kam, wurde er von bestimmten Leuten provoziert oder gar mit Prügel verjagt. Für den hinkenden Kofferhausierer Israel, der zu bestimmten Zeiten im Jahr Unterwäsche anbot, war eine tragische Zeit angebrochen. Mit Ausnahme seiner Mutter hatten seine Angehörigen Deutschland gezwungenermaßen verlassen müssen. Nur er selbst fühlte sich verpflichtet, der kranken Mutter mit seiner Unterstützung beizustehen. Daher hatte er, weil er sich das Geld für die Bahnfahrt sparen wollte, ein gebrauchtes Fahrrad gekauft, mit dem er in einem Umkreis von rund 30 Kilometern seine Kunden besuchen konnte. Den Drahtesel stellte er meistens in der Dorfmitte ab, um von dort aus mit seinem Warenkoffer die Haushalte abzuklappern. Dann passierte es, und das Rad war verschwunden. Weinend stand er nun da und fragte die Vorüberkommenden, ob sie etwas über den Verbleib seines Transportmittels wüßten. Es dauerte nicht lange, und der hiesige Ortsgruppenleiter kam an und nahm ihn kurzerhand wegen Bürgerbelästigung fest. Seit jenem Tag wurde der kleine, immer freundliche Jude Israel niemals wiedergesehen. Bereits einen Tag später standen zwei Männer von der NSDAP vor der Türe und befragten meine Mutter zu dem Vorfall. Sie beendete das Verhör ziemlich unsanft und handelte uns wegen Kinderreichtums einen Rundfunkempfänger ein. Leider hatten die beiden Nazis ihr Versprechen bereits beim Verlassen des Hauses vergessen.

Als Hausaufgabe hatten wir Kinder öfter das Sammeln von Altmaterial aufbekommen. Ich hatte mich für das Sammeln von Haaren entschieden. Etwa eine Pfundtüte voller ausgekämmter Haare hatte ich dem Lehrer anzubieten, denn mehr war aus unseren Holzkämmen und denen der Nachbarsfrauen nicht herauszubekommen. Die Kleidung der Kampfpiloten sollte damit gepolstert werden, um den Sieg für Deutschland voranzutreiben. Die Jungens aus der Klasse hatten eine viel schwerere Aufgabe zu bewältigen. In Gummistiefeln standen sie auf einem Pferdefriedhof und gruben die Knochen eines halbverwesten Kadavers aus. Diese Knochen wurden dann zum Schulhof gebracht und dort mit Wasser gesäubert aufgestapelt. Heftige Anfälle von Übelkeit waren die Folge, doch für Führer, Volk und Vaterland schien alles in Kauf genommen zu werden.

In dieser Zeit gab es in meiner Familie eine große Aufregung, weil Imelda Kress aus Coburg nicht ordnungsgemäß an ihrem

Arbeitsplatz erschienen war. Das 17jährige Landjahrmädchen war meiner Familie von offizieller Seite aus zur Mithilfe in Haus und Garten zugeteilt worden. In der alten Schule von Aufstetten hatte man ein Sammellager für Jugendliche eingerichtet, die aus den verschiedensten Regionen Deutschlands kamen und ein Jahr lang zur Aufbauarbeit verpflichtet wurden. Die Mädchen hatten von dort eine halbstündige Wegstrecke zum Arbeitsplatz morgens und abends zurückzulegen. Imelda erfuhr zwar bei uns zu Hause viel Zuneigung, besonders von uns Kindern, aber dennoch litt sie unter Heimweh. Briefe wurden an die Lagerleitung geschrieben, sogar ein Antrag auf einen Kurzurlaub wurde gestellt, doch eine Sonderbehandlung, so hatte man offiziell geantwortet, könnte es nicht geben. Eines Tages war Imelda dann spurlos verschwunden. Die Befragungen ihrer Kameradinnen brachten keinerlei Hinweis über ihren Verbleib zutage. Schließlich wurde die Polizei verständigt und das Gelände abgesucht. Am nächsten Tag fanden sie das völlig verstörte Mädchen am Bahnhof, es hatte gerade den Frühzug in Richtung Würzburg besteigen wollen. Mit Hausarrest wurde Imeldas Vergehen bestraft, dann erst erschien sie wieder zur Arbeit. Diese wenigen Tage hatten genügt, um aus einem unbeschwerten jungen Mädchen einen um Jahre gealterten, verbitterten und verschlossenen Menschen zu machen.

Große Erwartungsfreude brachten die Maitage in die Familie. Noch heute fühle ich die Ungeduld, die sich meiner bemächtigte, denn mit meinen acht Jahren ahnte ich, daß die Geburt eines Geschwisterchens bevorstand. Mit ungewöhnlich liebevollen Worten war ich von den Erwachsenen aus dem Wohntrakt geschickt worden, und dies alles noch zu einer eher ungewöhnlichen Zeit. Die Nachmittagsstunden vergingen für mich nur schleppend. Irgendwann konnte ich es vor Spannung nicht mehr aushalten und lief auf die Dorfstraße. Dort erzählte ich allen Leuten, daß ich ein Schwesterchen bekommen hätte und wir sie Maria nennen würden. Stunden nach meiner Vorhersage traf jede Einzelheit zu meiner großen Freude ein. Die Strafpredigten, die ich mir aufgrund meines vorlauten Erzählens eingehandelt hatte, gefielen mit hingegen weniger.

Nun waren wir sechs Geschwister. Mutter hatte aus dem Dritten Reich das silberne Mutterkreuz zu erwarten sowie einen Babykorb und eine Kinderbadewanne. Vater bekam zur Taufe des Kindes Fronturlaub, und alle waren wir für eine kurze Zeit glücklich. Für mich persönlich, auch als Zweitälteste, brach mit der Geburt des Kindes eine neue Aufgabe an, die als selbverständlich angesehen wurde: Zu diesem Zeitpunkt endete meine Jugend, denn ich bekam immer mehr Verantwortung von meiner Mutter übertragen, besonders was die Betreuung der kleinen Maria anbelangte. An Freizeit war kaum mehr zu denken. Mit allen Konsequenzen hatte das Lernen für die Schule den letzten Platz in der Rangliste meiner Verpflichtungen eingenommen. Als Quittung stand im Jahresabschlußzeugnis, daß meine Versetzung gefährdet sei.

Die folgende Episode, sie ist mir noch im Gedächtnis hangengeblieben, soll beschreiben, welche Rückständigkeit bei einem Großteil der Bevölkerung damals herrschte. Der Dorfpfarrer Freitag predigte zum Christkönigsfest über die armen Kinder in Afrika, die von Geburt an ohne Taufe zur ewigen Verdammnis bestimmt seien und dem Teufel anheimfallen würden. Mit schmückenden Worten, die dem einfältigen Zuhörer einen Schauder über den Rücken jagte, bettelte er um eine Spende für diese armen Heiden. Nach einem solchen Festgottesdienst besuchte einst eine Bäuerin meine Mutter, um sie zu bitten, ihr bei der Adoption eines dieser Heidenkinder zu helfen. Die Bäuerin wollte sogar eine ausreichend große Kiste nach Afrika schicken, um auf diese Weise ein kleines Negerkind nach Deutschland transportieren zu lassen. Die Unkosten würden sich dann schon irgendwann ausgleichen, spätestens wenn das Kind erwachsen wäre und arbeiten könnte.

Es gab Frauen im Dorf, die die Ideologie des Dritten Reichs durchaus unterstützten. Sie betätigten sich ehrenamtlich und setzten ihren Männern so lange zu, bis diese Parteimitglieder wurden. Dann versuchten sie die wirtschaftlichen Annehmlichkeiten, die eine NSDAP-Mitgliedschaft nach sich zog, auszukosten. Das nötige „Rüstzeug" für ihren privaten Feldzug holten sie sich bei Hermine, der Leiterin der Ortsfrauenschaft. Hermine versuchte einmal in der Woche, ihre eigene Überzeugung zum Führer und zum Sieg der deutschen Waffen an ihre Schützlinge weiterzugeben. Selbst die Unannehmlichkeit durch die Rationierung von Lebensmitteln, Kleidung und Gebrauchsgegenständen konnte Hermine als durchaus notwendig und sinnvoll hinstellen. Sie verstand es auch, zum Geburtstag von Adolf Hitler in der Frauenschaft Feste zu feiern, die Fenster, Häuser und Straßenzüge mit Hakenkreuzfahnen zu beflaggen und den Kindern Parolen einzuprägen, die ein Leben überdauerten. So habe ich noch folgende Liedzeilen im Kopf:

„Seht ihr, wie vor dem Licht die dunklen Kräfte weichen,
wie eure Kraft das Menschenherz beschwingt.
Schart stark und treu euch um des Volkes Fahne,
um euren Führer, der im Sonnenzeichen steht.
Er wird euch unbeirrt den Weg zum Lichte bahnen,
seht, wie der deutsche Adler lichtwärts fliegt."

Kapitel 7: Mein zehnter Geburtstag und meine Erstkommunion im Kriegsjahr 1942

Im Frühjahr 1942 war es, meinen zehnten Geburtstag hatte ich wenige Wochen vorher gefeiert, als die allgemeine Stimmung umschlug und die Menschen nicht mehr an das baldige Kriegsende glaubten. Immer mehr Familien erlitten den Schmerz über den Verlust eines geliebten Menschen. Die Grundstimmung wurde geprägt durch Sehnsucht, Kummer und Trauer. Alle Hoffnung wurde auf eine Wunderwaffe gerichtet, mit deren Einsatz man das Kriegsgeschehen in kürzester Zeit beenden wollte. Doch die Lage verschlechterte sich zusehends, auch an der Heimatfront. Statt Arbeitserleichterung durch die Kriegsgefangenen galt es, zuerst einmal zusätzliche Nahrung bereitzustellen. Überdies wurde jegliche Arbeitsleistung als mehr oder weniger kriegswichtig deklariert. So war mir als Zehnjähriger bereits bewußt, daß ich selbst bei den regelmäßig zu verrichtenden Stallarbeiten für Hitler, das deutsche Volk, Vaterland und ein wenig auch für den Endsieg tätig war. Ein rätselhaftes Ereignis, das mich gehörig durcheinandergebracht hatte, grub sich einst während der Stallarbeit in meine junge Seele ein.

An jenem „denkwürdigen" Frühlingsabend war ich damit beschäftigt, die Strohschütte im Stall zu erneuern, als ich plötzlich bei den Rindern eine ungewöhnliche Unruhe bemerkte. Mein beruhigendes Zurufen erzielte den gegenteiligen Erfolg. Die Tiere stießen sich gegenseitig mit den Hörnern, versuchten mit den Vorderbeinen in den Futtertrog zu steigen und streckten in höchster Erregung den Schwanz an die Stalldecke. Ich war völlig ratlos über das unglaubliche Verhalten der freundlichen, fast lammfrommen Haustiere. Wie unter einem Bann stehend, betrachtete ich einige Augenblicke lang dieses Szenario, bis mein Blick auf eine bestimmte Stelle im Raum gelenkt wurde. Eine Art Zwang machte mich bewegungslos, und so sah die Gestalt einer in Bauerntracht gekleideten Frau. Sie war groß und stattlich, und ihr Blick ruhte fest auf mir. Ihre ebenmäßige Erscheinung hätte ich als schön bezeichnen könnten, wenn da nicht ihre eiskalte Ausstrahlung gewesen wäre. Nur für einen kurzen Moment hatte ich dieses Frauenbild als Realität betrachtet, um voller Entsetzen zu begreifen, daß dort, wo die Frau stand, eigentlich kein Platz für einen Menschenkörper sein konnte. Diese Erkenntnis traf mein naives Gemüt wie der Blitz. Die schreckliche Angst, etwas vor mir zu haben, das mit Vernunftdenken nicht zu deuten war, schnürte mir die Kehle zu. Alles in meinem Inneren sperrte sich gegen diese Wahrnehmung. Irgendwann gab es nur noch den übermächtigen Drang, diesem unheimlichen Ort zu entfliehen, statt der Sache auf den Grund zu gehen. Ich rannte aus dem Kuhstall hinüber zum Wohnhaus, und keine zehn Pferde konnten mich an diesem Tag dazu bewegen, diesen Ort nochmals aufzusuchen. Die Erscheinung der Bäuerin war mir nicht unbekannt. Die Frau hatte ich als kleines Kind bei Mondlicht an meinem Zimmerfenster bereits erblickt und mich auch damals sehr erschreckt. Wie eine regungslose, ja fast durchsichtige Gestalt, deren unnatürliches Profil durch den Mondschein überdeutlich hervorstach, blieb mir das Bild in Erinnerung. Immer wieder, in unregelmäßigen Abständen, hatten Familienmitglieder gewisse Erscheinungen gehabt, doch wurde diesen keine Bedeutung beigemessen. Meist wurden sie mit humorvollen Reden abgetan, und man bemühte sich, die Geistergeschichten vom Dorfklatsch fernzuhalten.

Lediglich eine vom Bombenhagel aus der Stadt geflohene jungen Frau interessierte sich für mein Erlebnis und verstand es auch, mich geschickt darüber auszufragen. Sie war Künstlerin von Beruf, und so sah sie auch aus: Ihr Gesicht war mit rotem Lippenstift, Make-up und Wangenrouge auffällig geschminkt. Es kam oft vor, daß sie für einige Zeit verschwand und niemand genau wußte, wohin sie gegangen war. Häufig erkundigte sie sich am Bahnhof nach Anschlußzügen in verschiedene Großstädte. Meist dauerte es nur eine Woche, und sie kam wieder, mit dem kleinen Köfferchen bestückt, in ihre Einzimmerbehausung zurück. Sicherlich lag nichts Unwürdiges darin, in einem Nachtclub als Zarah-Leander-Double aufzutreten und im glänzenden Kostüm mit Zylinder und wehmütigem Augenaufschlag genesenden Soldaten für wenige Stunden Träume zu verkaufen – wenn nicht diese Soldatenzeitung gewesen wäre. Auf der letzten Seite war sie abgebildet mit einem Sektkelch in der Hand. Aus dem langen schwarzen Abendkleid leuchtete das nackte Bein bis zur Hüfte hoch. Im Vordergrund reckten sich ein halbes Dutzend Männerhände nach dieser entblößten Stelle. Jetzt war der Gerüchteküche bei den Klatschbasen im Dorf Tür und Tor geöffnet. Besonders, als diese schillernde Dame dem Annäherungsversuch eines betagten liebestollen Anwärters widerstand. Der nachfolgende Skandal wurde dann aber rasch vom Tagesgeschehen abgelöst.

Der Rußland-Feldzug hatte sich zu dieser Zeit auch bei den Propagandaministerien festgefahren. Die steigenden Zahlen der Kriegstoten konnten für weitere Zwecke nicht länger ausgeschlachtet werden. Tag und Nacht rollten die Versorgungszüge gen Osten, wobei die Güter und die nachrückenden Soldaten schon lange nicht mehr ausreichten, um den Krieg zu entscheiden. In dieser auswegslosen Situation öffnete man für den Kriegsdienst allerorts die Gefängnistore. Mörder und Schwerverbrecher wurden als Kriegsfreiwillige an die Front geschickt. In der Bevölkerung war der Zeitpunkt gekommen, wo niemand mehr an den Sieg glauben mochte. Die Grundstimmung glich einem resignierten leisen Weinen. Die Angehörigen im Feld jemals wiederzusehen, glich einem Lotteriegewinn, bei dem die Nieten besonders auf den östlichen Schlachtfeldern zahlreich verteilt waren. Sogar eine schwere Verwundung, die den Frontsoldaten zum Krüppel machte, wurde noch eher in Kauf genommen. Um so erfreulicher war die Nachricht für meine Familie, daß Vater zu meiner Kommunion Fronturlaub bekommen sollte.

Für mich war alles, was an diesen Tagen geschah, etwas Außergewöhnliches. Es war so, als wäre ich vorher unbedeutend und ohne Glanz gewesen, einem Herdenmenschen gleich, den man aus einem Gatter genommen hatte und erstmals als Einzelmensch präsentierte. So durfte ich feststellen, wie wunderbar das Leben war, wenn man Kommunion feiert und der Vater auch anwesend ist. Tanten und Omas, Arbeitsmaiden und der Hausschlachter, sie alle standen in meinem Dienst: Buken Kuchen, schlachteten ein Schwein, schneiderten das schönste weiße Kleid, das der eingetauschte Stoff zuließ. Ein Luxus, den sich nur wenige leisten konnten. Wie im Rausch vergingen diese Tage der Vorbereitung und Stunden des Glücks. Erst beim Abschied von meinem Vater fand ich in die Realität zurück. Bevor er ging, nahm er mich, die Älteste der Mädchen, zur Seite, um mir die Sorge der jüngeren Geschwister ans Herz zu legen und zu bitten, die Mutter zu entlasten. Dann hieß es plötzlich: „Bitte zurücktreten vom Zug." Der Bahnhofsvorsteher hob die Kelle, und fast wie im Zeitlupentempo setzte sich das schnaubende und dampfende Ungetüm in Bewegung. Gab es denn niemanden auf der Welt, der diesen Koloß anzuhalten vermochte, Vater aus dem Abteil holen und mit uns wieder nach Hause schicken konnte?

Diese unausgesprochene Frage entfesselte in uns Kindern einen so leidenschaftlichen Tränenfluß, der mit den alles durchdringenden Regentropfen aus den schweren Aprilwolken, die schon seit Tagen über dem Taubertal hingen, verglichen werden konnte. Die Mutter in der Mitte, bewegte sich unsere kleine Gruppe vom Bahnhof zurück ins Dorf, einem sicherlich nicht leichten Lebensabschnitt entgegen. Nun war die Mutter zum Mittelpunkt und Wegweiser in allen Lebenslagen geworden.

Alle erwachsenen Frauen im Dritten Reich waren in der Frauenschaft organisiert, die jüngeren Frauen hingegen im Bund Deutscher Mädchen. Diese beiden Vereine hatten es sich zur Aufgabe gemacht, verwundete Soldaten, die im Lazarett zu den Genesenden zählten, für einen vergnüglichen Tag einzuladen.

Auch meine Familie hatte jemanden eingeladen, und so wurde bereits lange vor dem Ereignis geplant, gebacken und gekocht. Mutter und meine Tanten strickten Herrensocken, die den Genesenden geschenkt werden sollten. Andere Frauen verbrachten die Abende mit Plätzchenbacken und dem Basteln von Überraschungsgeschenken. Der Tanzsaal im Gasthaus „Krone" wurde besonders geschmückt und mit vielen Hakenkreuzfahnen, wie es damals üblich war, ausgestattet. Die Mitglieder des Bundes Deutscher Mädchen studierten mit viel Phantasie kleine Bühnenstücke und witzige Sketche ein. Alle Vorbereitungen lagen jedoch fest in der Hand von Hermine, der Frau des dicken Schulleiters. Diese hartknochige Dame mit ihren eckigen Bewegungen und dem wie mit dem Messer geschnittenen Mund widmete sich mit großer Leidenschaft der nationalsozialistischen Aufgabe.

Endlich war der bestimmte Sonntag gekommen und mit ihm ein Reisebus voller genesender Soldaten. Das war eines der vielen Ereignissen meiner Kinderjahre, die ich in bester Erinnerung behielt, denn dem Bus war auch ein junger Mann entstiegen, in den ich mich mit allen Gefühlen meines Herzens verliebte. In diesem Augenblick zählte auch nicht im geringsten, daß er für Volk und Vaterland ein Bein verloren hatte. Er war Jagdfliegerpilot und beim Einsatz über Polen abgeschossen und schwer verwundet aus den Trümmern seiner Maschine geborgen worden. Nach langen Monaten unter ärztlicher Betreuung konnte er sich nun auf Krücken fortbewegen. Seine schmucke Uniform mit den vielen Orden täuschte aber auch nicht darüber hinweg, daß er sein weiteres Leben als Krüppel verbringen mußte. Jetzt erfuhr er zwar noch Ehrungen und Hilfen von allen Seiten, aber wie war es später einmal? Sein auffallend gutes Aussehen, verbunden mit einer gepflegten, selbstsicheren Sprache, zog die Aufmerksamkeit aller auf sich und ließ die Herzen höher schlagen. Doch was würde später sein? Hitler wird doch sein Versprechen einlösen und jedem Kriegshelden ein Gut in Pommern oder Ostpreußen mit Ländereien und Personal zum Geschenk machen? Eine Sorge um das „profane Leben" gab es für diese Helden längst nicht mehr.

Hermine begann zunächst die Tischdamen zu verteilen und überschaute die Situation äußerst schnell. Jeder Gast bekam nach ihrer Einschätzung die passende Partnerin zugeteilt. Man machte sich bekannt und fand sich ein an der festlich geschmückten Mittagstafel. Tischreden, die mit einem Hoch auf unseren Führer Adolf Hitler endeten, ließen die Einladung hochoffiziell wirken. Die steife Atmosphäre entspannte sich erst, als die weibliche Dorfjugend mit ihrem Unterhaltungsprogramm begann. Als eingeschlichene Zuschauerin blieb ich an der offenen Saaltür auf einem Treppenabsatz stehen, und so blieb mir nur eine Striptease-Aufführung in Erinnerung. Elfie, die langbeinige, dunkelhaarige Schönheit von 18 Jahren, entledigte sich ihrer Kleider. Dazwischen gab es tosende Beifallsstürme. Das überlange, weit geschnittene Omanachthemd, das sie langsam bis zu den Oberschenkeln anhob und wieder fallen ließ, verursachte eine gelöste, fast prikkelnde Atmosphäre. Irgendwann zog Elfie das Nachthemd kokett über den Kopf und brachte so ein knappes schwarzes Höschen mit einem weißen Sportdress zum Vorschein. Die Männer sprangen von den Stühlen, zum einen, um besser sehen zu können, und zum anderen, um die dörfliche Schönheit auch gebührend zu bewundern. Als dieser Sonntag zu Ende ging, war für viele der jungen Menschen im Traume schon die Enttäuschung vorprogrammiert. Die wenigen wunderbaren Stunden hatten Sehnsüchte geweckt, die von niemandem eingelöst werden konnten. Zurück blieben die Lebensumstände, die ein wahnwitziger Krieg zu verantworten hatte.

Und wieder folgte dem Sonntag ein Montag. Mein erster Weg führte mich über die Straße zur Kirche und von dort direkt zur Schule. Dabei begegnete mir wie so oft die Flüchtlingsfrau aus dem Nachbarhaus. Sie trug Stöckelschuhe und ging zum Bäcker. Plötzlich schlug die Turmuhr, und ich hatte keine Zeit mehr, meinen Gedanken weiter nachzuhängen, und lief in die Schule, während die Schwalben gerade geschäftig ihre zweite Brut fütterten.

Kapitel 8: Ein ereignisreiches Jahr: 1943

Es war in jenem heißen Sommer, der durch Regenmangel eine Dürre auslöste und bei allen Feldfrüchten eine Mißernte verursacht hatte.

Schon in den Monaten Mai und Juni ließen die spärlich vorüberziehenden Wolken nur flüchtige Schauer über das erwartungsvolle Land niedersprühen. Die kümmerlichen Getreidehalme konnten ihre Fruchtdolden nur mäßig entwickeln. An den Kartoffel- und Futterrübenpflanzen verwelkte noch vor dem Knollenansatz das Kraut. Als in den Sommermonaten überhaupt kein Tropfen Regen mehr fiel, riß die Erde auf und verlor ihre letzte Feuchtigkeit an die glühende Luft. Frühmorgens schon starrte der schattenlose Himmel auf die ausgedörrte Landschaft. Mit dem Voranrücken des Uhrzeigers quoll allmählich ein schwadig drückender Dampf aus den Wasserläufen des Tals. Den Menschen blieb nichts anderes übrig, als Türen und Fenster zu verschließen. Es begann in den abgedunkelten Räumen ein Herbeisehnen und Warten auf Gewitter und Regen. Von Tag zu Tag schien die Wetterlage unerträglicher zu werden. Für das Vieh fand sich kein Futter mehr auf den Feldern. Die Blätter von den Haselnußbüschen am Waldrand und das Seegras an den sumpfigen Flußufern wurden als Futter abgeschnitten, um von den Kühen nur ein wenig Milch zu erhalten. Erbarmungslos brannte die Sonne von früh bis zum späten Abend hohnlachend auf diese armselige Welt herab. Selbst in den Brunnenschächten war das Wasser rar geworden. Das Gemüse im Garten wehrte sich erfolglos gegen das Vertrocknen. Die Grillen zirpten nicht mehr oder schickten nur einen gedämpften Ton durch die siedende Hitze. Leben gab es noch an den Waschecken der Tauber. Schon am Vormittag fand sich die Dorfjugend dort zum Baden ein. Die evakuierten Familien aus den zerbombten Städten kampierten hier wochenlang mit Kind und Kegel unter den schattenspendenden Erlenbüschen. Im handwarmen Wasser erhofften alle, Kühlung zu finden.

Vater hatte von der Front einen an mich persönlich adressierten Brief geschrieben. Jedes von uns sechs Geschwistern wurde regelmäßig reihum mit seinen Zeilen bedacht. Es waren aufmunternde, einfühlsame Sätze. Seine Worte waren herzlich und mit spürbarer Liebe ausgewählt. Sie dienten dazu, den Zusammenhalt in der Familie zu stärken und, soweit es uns Kindern möglich war, die Mutter ein wenig zu entlasten. Trotzdem standen immer eigenartige Gefühle unausgesprochen im Raum. Sicher war nur, daß Vater an dem Tag, an dem er schrieb, lebte und weder verwundet war noch einen bevorstehenden Angriff befürchten mußte. Das Leben an der Front glich ja einem täglichen Würfelspiel, bei dem die meisten verloren und nur wenige eine Sechs würfelten oder Beziehungen zu höchsten militärischen Stellen besaßen. Diese Privilegierten erhielten einen geruhsamen Lagerposten, wurden Gefängnisaufseher oder unabkömmliche Leiter der kriegswichtigen Industrie. Zahlreiche andere mit Nieten waren bereits für Führer, Volk und Vaterland im Kampf gefallen. Viele hatten ihre Gliedmaßen verloren oder trauerten um Angehörige, viele verloren auch ganz den Mut zum Weiterleben.

Bei der Eroberung der Insel Kreta war mein Vater dabei. Etliche Tausend Fallschirmspringer, die wie ein unübersehbarer Schwarm weißer Möwen aus den Transportflugzeugen entstiegen und vom Meer her den Felsen entgegenschwebten, waren im Einsatz. Nur ein Bruchteil der Soldaten erreichte aber die zerklüftete Insel unversehrt. Von Maschinengewehrsalven durchsiebt, stürzten viele ab oder wurden gleich aufs Meer abgetrieben und fanden den Heldentod, noch bevor ihr Fuß das fremde Land je betreten hatte. Alliierte und deutsche U-Boote sowie Kriegsschiffe beider Seiten kämpften verlustreich gegeneinander und versuchten, entweder die Invasion voranzutreiben oder zu verhindern.

Der langgestreckte Felsen, der im Norden der Insel ins Meer hineinragte, war von winzigen Dörfern mit kleinen Häfen, Leuchttürmen, Kirchen und Friedhöfen bedeckt. Dies war eigentlich alles, was es zu erobern gab, denn im Inselinneren und im Südteil war es ziemlich trostlos. Die Kreter lebten hauptsächlich von Schafzucht, Oliven- und Orangenanbau auf den wenigen kargen Küstenstreifen und den bestellten Hochtälern. Es gab zwischen den Felsen nur schmale Ziegenpfade, die unweigerlich zu den steil abfallenden Buchten führen. In dieser Urlandschaft versteckten sich Partisanen in Felshöhlen und erwiesen sich gerade für die deutschen Soldaten als unausrottbare Gegner. Kein deutscher Soldat war vor ihnen sicher.

Aber es gab trotz des Krieges auch liebenswerte Menschen. So hatte eine in mehreren kleinen Häusern lebende Großfamilie meinen Vater ins Herz geschlossen. Das Musizieren, Singen und Tanzen liebten sie genauso wie ihren roten griechischen Wein. Über diese Lebensart hatte mein Vater Zugang zu ihnen gefunden. Hin und wieder fand sich ein Foto in Vaters Briefen, auf dem eine Gruppe dunkelhaariger Menschen zu sehen war, die Vater umringten oder wie ein Familienmitglied in ihre Mitte nahmen.

Was meinen Vater anbetraf, so liebten wir ihn alle sehr, aber er war weit weg. Mutter dagegen war ständig um uns und erteilte Befehle, die keinerlei Widerspruch duldeten. Sie sorgte für Essen und Kleidung und versuchte ihre sechs Kinder im Alter von einem bis zu 13 Jahren gegen die Widerigkeiten des Lebens abzuschirmen. Sie bestellte die Felder, versorgte das Vieh und widerstand dem Ansinnen einiger Nachbarn, unsere Hofstelle zu kaufen, mit der Zusicherung, uns Kinder nach dem achten Volksschuljahr als Knechte und Mägde zu übernehmen. Dies war ein Prozeß ganz im Sinne der großdeutschen Ideale, wie sie vom Reichsnährstand angestrebt und gefördert wurden.

Meine Mutter war eine Persönlichkeit, die man durch wenige Worte nicht charakterisieren kann. Ihren rastlosen Einsatz für die Familie, ihre Selbstsicherheit im Umgang mit den Behörden und allem voran ihre einfühlsame Umsicht gab es in dieser Kombination nur einmal. Mutter versäumte es vor dem Zubettgehen nie, sich unseren Kummer und unsere Sorgen bei einer Tasse Milch anzuhören, unsere Probleme mit allen Geschwistern zu besprechen, um so jeden für jeden mitverantwortlich zu machen. Mit ein paar Tropfen Weihwasser zeichnete sie uns dann ein Kreuzzeichen auf die Stirn. Das anschließende Nachtgebet umschloß die Gedanken an Vater, die verstorbenen Großeltern und bedachte all die anderen armen Seelen. Zu meiner Schande muß ich gestehen, daß diese langatmige, eingeübte Gebetsreihenfolge mich oftmals vorzeitig in den Schlaf wiegte, aus dem ich nicht selten schonungslos durch heftiges Ziehen an der Bettdecke zurückgeholt wurde. Erst mit Mutters Worten „Im Namen Jesu, schlaft nun ein" wurden wir unserer Aufmerksamkeit entbunden.

Aus dunklen Wolken war der Regen endlich gekommen. Zuerst waren es große Tropfen, die sich zu einem Rinnsal und dann zu vielen Rinnsalen sammelten. Wie tausend Schlangen suchte das Wasser den Weg in die Niederungen, um sich in den ausgetrockneten Flußläufen zu vereinen. Obwohl es regnete, gingen viele Kinder barfuß zur Schule.

Die Straßen schienen wie leergefegt und waren mit einemmal stockdunkel. Immer mehr Wolken zogen vom Osten heran und schleppten die über den ganzen Sommer zurückgehaltene Wassermenge mit sich. Fluchtartig hatten die letzten Schwalben ihre Brutstätten verlassen.

In diesen Tagen stellten die Mütter auch fest, daß die Kinderschuhe nicht mehr passen wollten. Der Mantel vom vergangenen Winter wurde nun umgearbeitet und diente jetzt als Sakko. Rock und Hose wurden mit Flicken besetzt, die Wolle von aufgetrennten Strümpfen ergab wieder ein neues Paar. Es gab nun einmal nichts Neues in den Geschäften zu kaufen. Falls etwas im Angebot erschien, brauchte man dafür extra einen Bezugsschein, den es wiederum beim Bürgermeister oder Landratsamt zu beantragen gab. In den meisten Fällen wurde aber ein solcher Antrag gleich abgelehnt! Bei uns zu Hause wurde ein Spinnrad angeschafft. Der alte Drechsler war für etwas Fleisch und Butter bereit gewesen, Holz zu besorgen und es auf seiner Drehbank herzustellen. Im Frühsommer schon hatte der Dorfschäfer seine Tiere geschoren. Mutter hatte mit Betteln und der Gabe von Naturalien etwas von der frisch geschorenen Wolle sowie ein junges Lamm ertauscht. Im darauffolgenden Jahr hatten wir eigene Schafwolle zum Verspinnen.

Vom Hunger, wie er in den Großstädten zu dieser Zeit erlebt wurde, blieben die Menschen auf den Dörfern noch verschont. Natürlich reichten die auf wenige Gramm zusammengeschrumpften Lebensmittel auch auf dem Land kaum aus. Auch hätte man die monatliche Zuteilung leicht und ohne ein sättigendes Gefühl zu verspüren in einer Woche verputzen können. Süßigkeiten gab es selten, und dann waren sie nur für Kinder gedacht. Meistens handelte es sich dabei um minderwertiges Zeug, das zusätzlich mit Graupen, Gerste oder ähnlichen Füllstoffen vermischt worden war. Früchte, die nicht im Hausgarten wuchsen, kannten wir Kinder nicht. Die in der Landwirtschaft erzeugten Grundnahrungsmittel unterlagen dem Reichsernährstand und wurden staatlich überwacht. Je strenger die von dort erlassenen Verordnungen waren, desto erfindungsreichere Verstecke wurden angelegt, die auch vor den Nachbarn sorgsam geheimgehalten wurden.

Die sogenannten Hamsterer reisten in und auf den Zügen durch das Land. In mitgeschleppten Taschen oder Kartons tauschten sie Waren aus dem eigenen Besitz oder Geklautes aus den zerbomten Häusern gegen Lebensmittel ein. Alle diese so verschiedenen Menschen brachten Farbe und Leben in den Ort – eine bedauerliche, aber interessante Kriegserscheinung. Wie so oft stand irgendwann ein schmächtiger Mann vor unserer Haustür, dem man sogleich ansah, daß er Abenteurer, Hamsterer und Hungernder in einem war. Ich weiß noch genau, daß er in seinen knochigen Händen eine Glühbirne hielt. Er hatte Glück, denn Glühbirnen fehlten uns schon seit langem in einigen Zimmern. Am schmerzlichsten vermißten wir das Licht im Mädchenzimmer. Vier Mädchen schliefen dort in zwei Betten, und es gab morgens beim Anziehen immer eine Rangelei. Mutter war bereit, eine Tüte Mehl zu opfern, um dem Gezeter ein Ende zu setzen. Mit viel Geschick verstand es der Fremde, sich vor dem Einschrauben der Glühbirne in die Lichtfassung aus dem Staub zu machen. Mit erwartungsvollen Augen verfolgten wir, was passierte, doch es geschah gar nichts, und das Zimmer blieb weiterhin dunkel. Zuerst dachten wir noch, die Stromzufuhr sei gestört. Wir schraubten und schraubten das Milchglasgewinde von einer Fassung in die nächste, und siehe da, es blieb auch da dunkel, wo zuvor Helligkeit erstrahlt war. Die erste Regung war Ratlosigkeit. Den Hamsterer finden und das Mehl zurückverlangen war eine kurze Überlegung. Die Vernunft sagte aber, daß er längst über alle Berge verschwunden sei. So blieb der arme Kerl ungeschoren und unser Mädchenzimmer weiterhin dunkel.

Beim Mittagsläuten in der Kirche, der Strom war aus Spargründen abgestellt, machte es uns Kindern besonderen Spaß, mit dem Glockenseil auf und ab zu hüpfen. Rhythmisch zogen wir am Glockenseil und klatschten mit den nackten Füßen auf die kühlen Steinfliesen, um sogleich ruckartig mit gestrafften Armen, die Hände um das dicke Seil geklammert, hochzufliegen. Und genau bei dieser Tätigkeit sah ich sie: die Glühbirne. Im sogenannten „Entenstall" hing am Ende eines Kabels diese Glühbirne. Ich ließ das Seil abrupt los und landete mit dem Hintern unsanft auf dem Steinboden. Gebannt starrte ich durch den schmalen Türspalt in den halbdunklen Entenstall. Der Stall befand sich auf gleicher Höhe wie der Glockenturm und erhielt von dem bunt bemalten Fenster dürftiges Sonnenlicht. Es war ein halbdunkler Raum, dessen Rückwand von einem riesigen Wandschrank verkleidet wurde, in dem einst Meßgewänder und Chorhemden aufbewahrt worden waren. Auf der rechten Seite versperrten Weihwasserbehälter den Weg zum Kirchenschiff, und links stand ein halbrunder Beichtstuhl, der aussah wie ein goldverziertes Gartenhäuschen mit lila Vorhängen. Dazwischen standen zwei Bänke aus Metallstäben und zwei Bretter. Ein Brett war für die Knie und eins zum Anlehnen des Oberkörpers gedacht, um beim stundenlangen Beten nicht nach vorne zu sinken. Dieser so begrenzte Raum konnte nicht von jeder Stelle der Kirche aus eingesehen werden. So hatte es über Generationen seine Richtigkeit, wenn hier die alten Jungfern ihren Platz einnahmen. Über den Sitzreihen thronte die Figur des Heiligen Wendelins mit seinem schneeweißen Gesicht und der schwarzen Ritterrüstung. Das Halbdunkel machte den Raum nahezu mystisch, denn hier verweilen die armen Seelen, die nach ihrem irdischen Leben noch keine Ruhe finden konnten. Dies war also der Entenstall. Dank meiner Entdeckung sollten die Dorfbewohner nämlich an diesem Tag nur ein kurzes Ave Maria beten ...

Schon bald beratschlagten wir Kinder, auf der Kirchentreppe sitzend, wie wir an die Glühbirne vom Entenstall herankämen.

Auch war uns das Erlebnis mit dem Hamsterer noch im Gedächtnis. „Zu was brauchen die alten Jungfern überhaupt Licht?“ So und ähnlich dachten wir. „Ihre Gebete können die ja längst alle auswendig hersagen“, meinte Lonchen. Darauf entgegnete die drei Jahre ältere Cousine Elfriede, daß mein Vorhaben als Kirchenschändung gewertet werden könne. Nein, eine Freveltat hatte ich nicht begehen wollen, aber die Glühbirne mußte ich trotzdem haben. So wie es der Hamsterer mit uns getan hatte, wollte ich der Kirche eine kaputte Birne andrehen. Nach weiteren Vorschlägen entschieden wir uns für diesen einfachen Weg und schraubten die Glühbirne heraus. Ich rannte die wenigen Schritte nach Hause. Am Blick der Mutter, die mich beim Anspannen des Fuhrwerks im Hof erwartete, wußte ich sofort, was mir noch blühte.

Ich kam erst wieder richtig zu mir, als das Brennen auf meinem nackten Hintern erträglicher wurde. Wahrscheinlich ging es der Hand genauso, die daraufschlug und aus diesem Grunde von mir abließ. Ein halbes Dutzend Arbeiten bekam ich aufgetragen, die alle bis zum Abend erledigt sein mußten. Dann war ich mit meinem schlechten Gewissen alleine, mit verweinten Augen und verschmiertem Gesicht und der Glühbirne im Taschentuch. Ein Geldstück hatte ich mir unter der Kommodendecke weggenommen und ging damit zurück zur Kirche. Alles weitere geschah sehr schnell. Lonchen stand vor dem Portal Schmiere. Elfriede, als die Größte von uns, half mir, den steinernen Weihwasserkessel wieder zu erklettern, denn das dürftige Lämpchen hing genau darüber. Ich wechselte rasch die Milchglasbirne aus meinem Taschentuch gegen das einsame Kirchenauge aus. Beim Verlassen des Gotteshauses klapperte das Geldstück im Opferstock. Recht zufrieden mit dieser Lösung gingen wir Kinder auseinander. Die Verwunderung am Abend erklärte ich meiner Familie mit der lakonischen Antwort: „Eine Glühbirne einzuschrauben muß eben auch gekonnt sein."

Weit und hoch schien die Nacht vor meinem Schlafzimmerfenster. Wie schwarzes Glas, das den morgigen Tag noch verdeckt aus Scham vor übergroßem Schmerz und Kummer, den sich die Menschen aus Unwissenheit zufügen. Etwas Ungesundes lag in der Luft. Es kam gekrochen von den Feldern am Hang. Vom Waldrand her zwängte sich weißer Dunst in die Täler von Tauber und Gollach und verschloß bis hin zu den Sockeln der Hügel nahtlos wie ein Leichentuch eine Gruft. Wie viele Menschen blicken just in diesem Augenblick hilfesuchend in den feucht schimmernden Nachthimmel hinauf? Wie viele Tränen der Sehnsucht und des Schmerzes werden in diesem Augenblick geweint? Wer kennt die Zahl der Menschen, die namenlos auf den fremden Schlachtfeldern verscharrt ruhen? Zornig, mit einem gelben Ring um sein Gesicht, blickte der Mond zu mir herunter, so als wüßte er von dem unheimlichen Kampf, den die Menschen immer und immer wieder auf der Erde entfachten.

Heute standen in der zweiten Schulstunde Frontberichte zur Debatte. Die Tageszeitungen hatten die Berichte geliefert, und der Volksempfänger hielt uns auf den aktuellen Stand. Die übermenschlichen Leistungen der Lazarettärzte und Sanitäter wurden hervorgehoben und gewürdigt. Damit wir als Schüler unseren kleinen Beitrag leisteten, durften wir als Hausaufgabe Kräuter sammeln. Schafgarbe und Spitzwegerich war nun angesagt. Vor einer Woche hatten wir die gesammelte Kamille bündelweise zu Schule geschleppt. Birkenblätter und das Grün der Brombeeren waren auch gefragt. Mir war diese Aufgabe recht, denn mein Lerneifer war zu dieser Zeit nicht besonders ausgeprägt. Dazu kam der angenehme Effekt, daß Mutter mich während dieser Tätigkeit nicht mit kleineren Arbeiten bedenken konnte. Zusammen mit den Freundinnen lag ein vergnüglicher Nachmittag vor uns.

Das letzte Haus zwischen den Bahntrassen bewohnte Christine mit ihrer Familie. Von hier blickte man über das Dorf hinweg zu den Kreuzwegstationen gegenüber und den Kirchtürmen. Ein markerschütternder Schrei mit einem fast tierischen Röcheln ließ uns alle aufhorchen. In die Gemüsegärten hinter dem Dorf kam Bewegung. Und wieder der Schrei eines geschundenen Menschen, der sich in allergrößter Not befinden mußte. Nur wenig Zeit verstrich, und die von Haus zu Haus zugerufene Hiobsbotscbaft hatte auch den letzten erreicht. Von den fünf Kindern einer alleinstehenden Bäuerin war der einzige Sohn gefallen. Ein Offizier hatte der Mutter bei der Gartenarbeit die Nachricht gebracht. Mit ihr weinten und trauerten die Bewohner des ganzen Ortes. Jeder von ihnen hatte einen Vater, einen Sohn oder Bruder an der Front, dem das gleiche Schicksal drohen konnte.

So unbarmherzig und quälend eine solche Nachricht für die Familie auch sein mochte, niemand kann den Schmerz, den eine Mutter in diesen Sekunden empfindet, mildern. Das endgültige Zerreißen der sensibelsten Bande zwischen Mutter und Kind, Seele und Gefühl, Geist und einem namenlosen Feingespinst, das nur diese beiden Menschen verbindet. Schmerzen, die von keiner Gewalt in der Welt ausgelöscht werden können, beherrschten nun alles und ließen unter ihrer Last das Leben wertlos scheinen. So verstrichen die Stunden der Verzweiflung, die Monate der Hoffnungslosigkeit, der Rest eines Menschenleben, um zu vergessen, statt wie ein vom Blitz getroffener Baum hinzustürzen, das Leben und all seine Schmerzen von sich abzuwerfen.

Schließlich hatte die Zeit doch tiefere Macht und jeder vergangene Tag eine sonderbar entwertende Gewalt über alle Geschehnisse. Man spürte den Tod allerorts, sein Schatten fiel schwarz über alle Wege, die man ging, und man wurde begleitet von einer Abgestumpftheit. Das Leben ging weiter, und was die Heuernte anbelangte, so ging sie in diesem Jahr voll in die Binsen. Der erste Grasschnitt lag schon zum Trocknen auf den Wiesen, als sich vom Westen her eine nachtschwarze Wolkenwand unter den strahlendblauen Himmel schob. Wie geballte Nebel wälzten die zum Platzen drohenden porösen Kissen ihre tonnenschwere Wasserlast über die Täler, um mit Verwüstungen durch Hagel, Blitz und Wolkenbruch die heranwachsende Frucht zu vernichten. Der gewaltige Sturm wurde zum Killer jedes ungeschützten Baumriesen. Die gewaltige Wassermasse nahm die lockere Erde mit von den Hängen und sammelte sich als breiter Fluß mit brauner Brühe zwischen den Hügeln. Im Ort wurden die Häuser zu Inseln, so mancher Stall für Tiere zur Todesfalle. Nachdem sich die Wassermassen zwischen die Ufer der Bäche zurückgezogen hatten, zeigte sich das ganze Ausmaß der Verwüstung. Wie Girlanden hing der Rest vom Gras in den Zweigen der Erlen und Weiden. Verdreckt und unbrauchbar geworden lag die übrige Futterernte am Boden. Selbst die jungen Apfelbäume, die Vater im Vorjahr für jedes seiner Kinder in den Weidengarten gepflanzt hatte, waren durch die wilden Hände des Hochwassers ausgegraben und mit fortgerissen worden. Wochen des großen Reinemachens begannen. Hof und Straßenpflaster wurden geschrubbt. Das verschmutzte Brunnenwasser mußte vor Gebrauch abgekocht werden. Die Mutterhenne neu angesetzt werden, nachdem deren Nest mit den angebrüteten Eiern dem Hochwasser zum Opfer fiel. Unendlich viel und mehr Handgriffe waren nötig, um wieder Ordnung in das gewohnte Leben zu bringen.

Als Entschädigung gab es dafür einen sonnigen, goldbestrahlten Herbst, so wie ich ihn bisher nie erlebt hatte. Die ersten Oktobertage waren von einem tiefen bis transparenten blauen

Himmel mit vereinzelten schneeweißen Wolkenbällchen bestimmt. An den Flußufern glühten purpur die Vogelbeeren, und der gewonnene Wein aus den noch erhaltenen, von Steinriegel umrahmten Parzellen rumorte schon in den Holzfässern.

Das Eschenlaub von den Bäumen am Zwischenwasser hatten wir Kinder zusammengetragen, während das Vieh zwischen Herbstzeitlosen das letzte Grün von den Wiesen abgraste. Die frühe Abenddämmerung mit dem verheißungsvollen Abendrot ließ den folgenden Tag ebenso strahlend erahnen, und so trieben meine Geschwister und ich zusammen mit den Nachtbarskindern, jeder seine Rinder ins Dorf zurück.

Große flackernde Lichter standen um den Ort. Der würzig herbe Rauch aus den rotglühenden Kartoffelfeuern brannte uns auf den Zungen. Einige Bauernwagen, die vollbeladen waren mit den Kartoffelknollen, die später in geflickte Jutesäcke gefüllt wurden, strebten mit uns in das Dorf.

„Wo bleibt ihr denn so lange?" empfing uns tadelnd die Mutter, als wir im Gänsemarsch in den Hof kamen. „Ich muß noch melken, und ihr habt noch keine Hausaufgaben gemacht!"

Im Kuhstall wurde am Fenstersims eine Stearinkerze angezündet, von der Scheune ein Bund Stroh auf das saubere, aber vom Urin der Tiere glänzende Pflaster verteilt. Dann wurden die Rinder angekettet, um sie der Nacht zu überlassen.

Der darauffolgende Tag hatte sein Versprechen leider nicht eingelöst. Schon am Morgen beim Gang zur Kirche glitzerten vereinzelte Eiskristalle an den Zweigen der Gartensträucher. Nach dem Schulunterricht sollte ich sofort nach Hause kommen, hatte mir Mutter beim Weggehen eindringlich nahegelegt. Kasimir, der russische Kriegsgefangene vom Nachbarbauern, sollte nämlich für uns ein Stoppelfeld pflügen. Meine Aufgabe bestand darin, die Zugtiere zu führen, um sie in der Furche zu halten. Gegen diese ungeliebte Arbeit zu murren, hätte ich mich nie getraut. Die Verantwortung für die Familie nahm mich in die Pflicht, zumal Mutter nach der Getreideernte schwerkrank niedergelegen war. Die Last mit sechs Kindern, die Arbeit in der Landwirtschaft und die Ungewißheit, ob Vater noch am Leben war, zeigten erschreckende Auswirkungen. Für mich und meine Geschwister bedeutete dies eine Überforderung. Vor der Schule mußten wir die Kühe, Schweine, Gänse und Hühner versorgen. Das Schlimmste für mich war, das Herdfeuer mit gesammeltem Astholz zum Brennen zu bringen. Oftmals gelang es mir nicht, die Milch für die jüngeren Geschwister zu wärmen, bevor sie sich auf den Weg zur Schule oder in den Kindergarten machten. In den Sommermonaten hatte Mutter zusammen mit den älteren Kindern die magere Ernte eingebracht, zum Pflügen der Felder reichte ihre Kraft aber nicht mehr aus.

So half ich dem stämmigen Russen mit zwiespältigen Gefühlen beim Einspannen von Klara und Fuchs, unseren Zugrindern. Kasimir war ein Urbild eines Russen. Er mochte etwa 23 Jahre alt gewesen sein, hatte hohe Backenknochen, buschige dunkle Augenbrauen über den tiefliegenden flinken Augen sowie einen breiten Mund. Dem Nachbarn war er als Kriegsgefangener für die Landwirtschaft zugeteilt worden. Gestenreiche Verständigung brachte sein eher behäbiges Temperament nur allmählich zur Arbeit. Wegen Platzmangels mußte der junge Mann im Stall nächtigen. Es wurde ihm auch nachgesagt, daß er sich sexuell an den Kälbern vergriffen hätte. Handelte es sich hier um echte Beobachtungen, oder hatte man es ihm nur angedichtet?

Nun saß Kasimir jedenfalls vor mir auf dem Wagen. Mit dem Pflug zwischen uns ging es zum Dorf hinaus, mit Hü- und Hott-Rufen unterhalb der Würzburger Bahnlinie entlang bis zum Feld am Füchsl. Mehr als eine halbe Stunde hatten wir für die einfache Wegstrecke gebraucht, und Kasimir tat so, als gäbe es mich überhaupt nicht. Dies konnte mir nur recht sein. Auf der Fahrt zum Feld hatte ich die Zeit damit verbracht, die Flur eifrig nach arbeitenden Bauern abzusuchen. Leider vergeblich!

In dieser späten Jahreszeit keimte bereits die Wintersaat im Boden, die verschieden großen Parzellen der übrigen Felder waren sauber gepflügt. Ein plötzlicher Hilferuf von mir würde also ungehört verhallen, doch bald schaltete sich meine Vernunft ein, und ich sagte mir, daß ein Vergehen von Kasimir seinem sicheren Todesurteil gleichkäme. Selbstbewußt sprach ich mir neuen Mut zu. Kasimir bereitete schon den Pflug vor, den er mit Leichtigkeit vom Wagen heruntergenommen hatte. Inzwischen spannte ich Klara und Fuchs an. Und bald teilte die erste Furche den Acker in zwei Teile. Langsam und gleichmäßig zogen die braven Tiere den Pflug auf und ab. Das steinige Feld verursachte ihnen Mühe, denn die Seile und Ketten vom Joch zur Waage rissen ungleichmäßig an der Kraft der Zugtiere. Gelegentlich mußte zurückgestoßen werden, wenn sich die Pflugschar unter einer Steinplatte festgefahren hatte. So verging eine Weile. In der Ferne hörte ich den Halb-drei-Uhr-Zug vorbeirauschen und seine Räder dabei quietschen. Wahrscheinlich fuhren viele „Reisende" mit, wie die Bombenvertriebenen aus der Stadt mit ihren Bündeln und Koffern, Soldaten auf Urlaub, Hamsterer und einige wenige Einheimische. Auf der seitlichen Fläche der Personenwaggons stand unter dem Wappen der Reichsbahn die Parole „Räder müssen rollen für den Sieg". Es schien, als ob das Geräusch des Zuges für Kasimir die Pause einläutete. Zuvor verlief alles routiniert, am Ende des Feldes wurde gewendet, die Leitkuh mußte in der Furche gehen, während Fuchs den ungepflügten Streifen entlangschritt. Gesprochen hatte wir kein Wort, ich merkte nur die Blicke unter den dunklen Augenbrauen. Weil ich mich unbehaglich fühlte, versuchte ich mich hinter den großen Leibern der Tiere zu verstecken. Vorne am Acker beim buschverwachsenen Steinriegel legten wir eine kurze Rast ein. Kasimir setzte sich auf die Querstrebe zwischen den Pflugholmen und kehrte mir den Rücken zu. Nach einer Weile trieb er die Tiere weiter, und die Arbeit setzte sich fort. Als er dann aber nach jeder Furche an dieser Stelle anhielt, ging ich zu ihm hin und bemerkte, daß sein Hosenschlitz weit offenstand und er heftig onanierte. Da stand ich nun mit meinen elf Jahren und wußte nicht, wie ich diese Situation bewältigen sollte. Undefinierbare Gefühle verwirrten mich derart, daß ich die Peitsche nahm und auf die beiden Tiere eindrosch. Erschrocken stemmten sie sich in die Seile und zogen mit einem ungeheuren Tempo den Pflug nach sich. Das Pflügen ging weiter, und Kasimir benahm sich wieder normal.

Am Abend, als Mutter mit uns das Nachtgebet gesprochen hatte, lag ich noch lange wach in meinem Bett. Erst jetzt wurde mir allmählich klar, in welcher Gefahr ich mich an diesem Nachmittag befunden hatte. Nach reichlicher Überlegung nahm ich mir vor, mit niemandem darüber zu sprechen. Wichtiger schien, daß mir nichts geschehen war. Außerdem war mir auch bewußt, daß Kriegsgefangene für kleinere Vergehen bereits erschossen wurden. Mit der Zeit konnte ich dieses Erlebnis fast vergessen.

In einem ähnlichen Zusammenhang hatte sich allerdings im Vorjahr in der Nachbargemeinde eine höchst unerfreuliche Gestapo-Geschichte zugetragen: Seit 1942 lebte Andrzej Koba als polnischer Kriegsgefangener in Eichelsee auf einem Hof. Die Bauernfamilie hatte ihn freundlich aufgenommen, ihm Arbeit, Kost und Logis gegeben. Zusammen mit der Familie teilte er sich auch den Platz am gemeinsamen Mittagstisch. Dies war allerdings ein gefährliches Verhalten der Bauern, denn jeglicher Kontakt mit Zwangsarbeitern und Kriegsgefangenen war streng untersagt. Durch geschicktes Taktieren war es einem Parteimitglied der NSDAP gelungen, Koba auf einem drei Kilometer entfernten anderen Bauernhof zur Arbeit einzuteilen. Der dortige Hausherr geriet aber in Streit mit dem Polen, weil dieser seinen Gutschein für eine Arbeitshose einlösen wollte. Zwischen dem Bauern und dem jungen Koba kam es zu keiner Einigung und bald zu Handgreiflichkeiten. Die Polizei von Aub wurde damit betraut, den genauen Sachverhalt aufzunehmen, und so stand im Protokoll, daß Koba den Bauern mit einem Küchenmesser im Gesicht verletzt habe. Ein Landarzt hatte jedoch nur eine Schnittverletzung, die vom Rasieren herrührte, feststellen können. Andrzej Koba geriet rasch in die Mühlen der Würzburger Gestapo. Nach vielen Verhören, in denen seine Unschuldsbeteuerungen wertlos schienen, wurde er zum Tod verurteilt.

Am 12. August 1942 ließen die Behörden weitere 60 polnische Zwangsarbeiter aus der Umgebung zu einem Wäldchen zwischen Oellingen und Osthausen bringen. Zur Abschreckung sollten sie der Hinrichtung ihres Landsmannes beiwohnen.

Die Gestapo brachte Andrzej aus dem Würzburger Gefängnis dorthin und erhängte ihn an einem kurz zuvor errichteten Galgen. Außer den gezwungenermaßen anwesenden Polen wohnten noch der Landrat von Ochsenfurt sowie der Gauleiter Dr. Otto Hellmuth der Tötung bei.

Alles, was eigentlich geheim bleiben sollte, verbreitet sich hinter vorgehaltener Hand in Windeseile. Die Öffentlichkeit war empört, entsetzt, aber auch machtlos über Kobas Tod. Nach außen hin mußten sich die Dorfbewohner unwissend stellen, denn jede unbedachte Meinungsäußerung hätte schlimme Folgen nach sich ziehen können.

Auch aus diesem Grund schwieg ich über mein Erlebnis mit Kasimir. Sicherlich hätte er eine hohe Strafe zu erwarten. Für mich selbst würden viele peinliche Fragen anstehen, obwohl letztendlich nichts Konkretes geschehen war. Erst heute spreche ich über den Vorfall, wo nun die Preisgabe niemandem mehr schadet.

An einem Sonntag lag um unser Haus ein besonderer Glanz, den man mit keiner Putzaktion erzeugen konnte. Jeder Winkel wurde vom Licht der Sonne ausgeleuchtet. Die tristen Farben der Gebäude schienen in vollkommener Ruhe zu erstrahlen. Ein sonniger Frühsommertag, an dem die Welt stillzustehen vermag, erwachte zu neuem Leben. Im Hausgarten verlangten die jungen Sämlinge nach Wasser aus dem Hofbrunnen. Es war wirklich ein Tag, an dem die ganze Pflanzenwelt dem Himmel entgegenwuchs und Blütenknospen austrieb.

Dazu hörte ich den Glockenklang aus dem gegenüberliegenden Kirchturm. Zuerst das Schwingen der kleinen Glocke, dann das Tönen der mittleren und zuletzt das wuchtige Einsetzen der alles beherrschenden großen Glocke. Es tönte und schwang von überall her zu Ehren einer göttlichen Macht und schien auch ein ganz klein wenig für mich allein zu erklingen.

Der Sonntag schloß nicht aus, daß es Arbeit zu verrichten gab. Die Tiere mußten versorgt werden, Wasser für Haus und Stall gepumpt und viele, viele Kleinigkeiten erledigt werden, die man nicht der eigentlichen Arbeit zurechnen konnte. Doch auch diesen schönen Tag konnte die traurige Wirklichkeit auslöschen. In Sondermeldungen wurde die Bevölkerung nämlich zu erhöhter Wachsamkeit aufgerufen. Feindliche Flugverbände hatten über Deutschland den Kartoffelkrautschädling abgeworfen. Diese Kriegsstrategie sollte die deutsche Bevölkerung demoralisieren und ihre Versorgung unsicher machen. So waren die Ortsbauern-Führer angewiesen, mit Hilfe der Einwohner die Flure zu kontrollieren. Jede Familie hatte eine Person für diese Aufgabe

zu stellen. Diese wurden in Gruppen von zehn bis 15 Teilneh-
mern aufgeteilt und mit der Suche nach dem grüngestreiften
Schädling betraut. Ich kann mich an meine Gefühle bei dieser
Tätigkeit noch ziemlich gut erinnern. Weil meine Mutter unab-
kömmlich war, wurde ich ausgewählt. Mit den Erwachsenen zusammen eine so wichtige Aufgabe zu erledigen, erfüllte mich
mit Stolz. Männergespräche zu belauschen oder mit ihnen zu reden galt in jener Zeit als besonderes Privileg. Interessante Stunden waren das für mich, besonders wenn Jörg dabei war. Ich versuchte, mich in seiner Nähe aufzuhalten. Jörg war ein kleiner
Bauer, der ähnlich viele Felder besaß wie meine Eltern. Von Par-
teiarbeit und Politik mochte er nichts wissen, aber wenn es um
die Natur ging, hatten ihn seine Beobachtungen zu einem inter-
essanten Erzähler werden lassen. Jörg war nie verlegen, eine Pflan-
ze mit Namen und Heilkraft zu nennen. Am schönsten fand ich
aber, daß er von allen Geschöpfen eine Geschichte erzählen konnte. Ob es sich um die Wegwarte handelte, die vor vielen Tausend
Jahren verzaubert wurde und seitdem am Straßenrand auf ihren
Liebsten wartet, oder um eine andere Blume. Er kannte das Leben des Waldmeisters, der bei der Kniebreche wuchs, wo auch
der goldgrün schillernde Käfer zu finden und der Specht zu hören war. Jörg wußte um Plätze, an denen abends der Waldkauz
schaurig rief. All dies erregte natürlich meine höchste Aufmerksamkeit. Doch was ich am liebsten mochte, war der Moment, wenn nach getaner Arbeit auf dem Heimweg eine Rast unter
einem schattigen Baum zwischen grünen Mooskissen und trok-
kenen Gräsern eingelegt wurde. Bei diesen Gelegenheiten rede-
ten wir über Gott und die Welt, und meistens war es Jörg, dem
man zuhörte. Während über uns die verschiedensten Insekten mit
ihrem Gebrumm die weißrosa blühenden Kastanienbäumchen um-
schwirrten, machten sich die kleinen roten Ameisen auf Futter-

suche und versuchten uns aus ihrem Revier zu verjagen. Oft gelang es sogar! Um den in Gang gekommenen Gesprächsfluß nicht zu beenden, hatte sich die kleine Gruppe einmal wenige Meter weiter an einen Weidenbusch verlagert. Jörgs Worte hatten plötzlich an Schärfe gewonnen und wurden ernst. Der Kleinbauer hatte sich dazu hinreißen lassen, seine Verachtung gegenüber bestimmten Parteispitzeln im Dorf in Andeutungen zu äußern. Jörg berichtete aber auch von einem, der dazu verurteilt worden war, die sogenannten jüdischen Verräter zu erschießen und ihre Kinder in die Gaskammern zu führen. Dieser Mensch war durch seinen Befehlsgehorsam langsam wahnsinnig geworden und im Irrenhaus gelandet. Jeden der Zuhörer überkam ein zwiespältiges Gefühl. Die als edel deklarierten Gedanken des Führers, die praktische Hilfe für die Armen versprachen und Unterstützung für die Kinderreichen, sprachen Hohn gegen solche Anschuldigungen. Nein, hinter Jörgs Vorwürfen steckte sicherlich die Hetzstrategie der Juden, die unser emporsteigendes Deutsches Reich der Lächerlichkeit der Weltöffentlichkeit preisgeben wollten. Wäre es nicht Jörg gewesen, der diese furchtbaren Dinge aufgedeckt hatte, dann hätten ihn die Anwesenden viel eher als Spinner oder Phantasten abgestempelt.

Eines Tages kam ein Jungvolk-Führer ins Dorf. Er war einer der jungen Parteimitglieder, die sich für ihre linientreue Arbeit einen raschen Karriereanstieg erhofften. Überzeugungsarbeit im Sinne der Partei zu leisten, galt an erster Stelle den Eltern und Lehrern. Gegen Widersprüche aus diesen Reihen hatte jeder Parteigenosse die besseren Karten und konnte sogar mit einer Meldung an die Zentrale drohen. Zunächst wurden alle Dorfbewohner zu einem Dia-Vortrag eingeladen, wobei peinlich genau notiert wurde, wer der Veranstaltung ferngeblieben war. Im Versammlungsraum waren die Vorhänge zugezogen worden und die

Tische mit Hakenkreuzfähnchen geschmückt. Als Geschenk befand sich an jedem Platz ein Parteiabzeichen. Bevor es losging, mußten wir uns zum Führergruß erheben, während die Hymne ertönte und alle mitsangen bei „Deutschland, Deutschland über alles, über alles in der Welt". Da stand die Bäuerin neben dem Knecht, der Schüler neben dem Bürgermeister, der Kolonialwarenhändler neben der Arbeitsmaid und die arme Häuslerin dem reichen Metzgermeister gegenüber – eine gewollt klassenlose Gesellschaft.

Plötzlich flimmerte durch den rechteckigen Raum der gebündelte Lichtstrahl des Projektors. Bilder von den deutschen Siegen und Eroberungen an allen Fronten, sei es zu Wasser, zu Land oder in der Luft, spiegelten sich an der Wand. Die Bombengeschwader wurden beim Abwurf ihrer todbringenden Fracht auf Feindesland gezeigt. Mit ungeheurem Stolz in der Stimme kommentierte der Jungvolk-Führer die Geschehnisse auf der Leinwand. Mit einem Zeigestab markierte er für die Zuschauer den jeweiligen Frontverlauf. Dabei erschienen jedesmal seine fahrig bewegten Hände im Lichtkegel des Projektors. Die unkontrollierten Hände wirkten irgendwie verkrampft. Das gleichmäßige Surren der Maschine zauberte immer neue Siege, aber auch neues Leid und neues Sterben auf die Wandfläche. Ich glaube, daß sich niemand der Zuschauer im Saal an diesen zittrig präsentierten Siegesimpressionen erwärmen konnte. Nach einer halben Ewigkeit verstummte das Surren des Vorführgerätes endlich. Die dicken Übergardinen wurden aufgezogen, und so konnte ich das Gesicht des Jungvolk-Führers eingehend studieren. Auf seine bleichen Hände hatte ich ja die letzte halbe Stunde unentwegt gestarrt. Seine Augen glänzten vor Begeisterung, seine Gesichtzüge zeigten dagegen denselben überspannten Ausdruck wie die Hände. Der Ausdruck war ebenfalls unkontrolliert verbissen; wahrscheinlich wollte er seinen Worten damit einen besonderen Nachdruck verleihen. Da er bei den Dorfbewohnern nicht den gewünschten Erfolg erzielt hatte, ließ seine Gesichtszüge allmählich lockerer werden. Die zuletzt vorgetragenen Worte wirkten resigniert und ehrlich.

Für die Jungens wurde es aber ernst, denn jeden Abend – und das eine Woche lang – gab ihnen dieser Jungvolk-Führer Befehle. In braunen Uniformen standen sie in Reih und Glied, um die befohlenen „Kriegsspiele" gehorsam und mutig auszuführen. So probten sie den Angriff auf einen Gegener, der blitzartig überfallen werden mußte und mit allen Mitteln unschädlich zu machen war. Um den Mut des einzelnen unter Beweis zu stellen, wurden bei vorbereiteten Kampfattacken bunte Bänder am Oberarm getragen. Als Sieger galt der, der die höchste Anzahl dieser Beutestücke vorlegen konnte.

Einige Zeit ist verstrichen, und aus den einstigen Kriegsspielen wurden todbringende Grausamkeiten. Sie waren noch Kinder, als man sie in viel zu große Uniformen packte und, mit heroischen Parolen gespeist, in Waggons an die Front schickte. Als ersetzbare Ware überließ man sie dem sicheren Heldentod. Sie waren meine Schulkameraden, denen ich in den vierklassigen Schulräumen täglich begegnet war. Mit vielen von ihnen hatte ich gemeinsam Streiche ausgeheckt, gelacht und enge Freundschaftsbande geknüpft. Bis heute noch vertiefen sich diese Erinnerungen in mir. Beim Anblick der Kreuzkapelle schweift mein Blick weit ins Frankenland, und verschiedene Gedanken kommen mir in den Sinn. Unter mir erstreckt sich das enge Taubertal mit seinen romantischen Windungen, und aus der Ferne erklingt das nachschwingende Echo der Abendglocke. Auf den Feldern ringsum erlöschen langsam die letzten Kartoffelfeuer. All das erreicht mich fast schmerzlich und wird erst mit dem Versinken des Tages von der Stille abgelöst. Das ist der Moment, wo das unaufhörliche Ticken eines Sekundenzeigers im Uhrwerk der Welt zu verstummen scheint und die Zeit erstarren läßt. Nur die stetig zunehmende Dämmerung mag ihren leisen Kampf gegen die Rivalin Helligkeit aufzunehmen. In diesem Moment vermag der Mensch die Aussichtslosigkeit jeder Zwistigkeit zu erkennen. Voll dieser Eindrücke fühlte ich mich hilflos und ohnmächtig, aber im tiefsten Inneren erkannte ich, daß es doch irgendwo ein Geheimnis zwischen Himmel und Erde geben muß oder eine Lösung, wie die Menschen friedlich miteinander leben können. Wenn auch solche Sekundenträume rasch vergehen, so hinterlassen sie doch eine neu gereifte Erkenntnis, die Mut macht. Auf der anderen Talseite glitzert das hurtige Flüßchen mit seinem Forellenwasser. Mit geschürztem Rock kann man leicht von Ufer zu Ufer gelangen. Dagegen schleicht die Gollach dunkel und geheimnisvoll mit ihrem brackigen Wasser in unzähligen Windungen dahin. Einer Riesenschlange gleich, aber in ein romantisches Flußbett eingefügt. Die Gollach, so scheint es manchmal, dient mit ihrem übelriechenden Wasser nur den Aalen und den robusten Fröschen als Lebensraum.

Während der Schöpfung hat sich der Turmberg zwischen diese beiden Flußläufe mit ihren Tälern gezwängt, um ihren Verlauf zur quer vorbeifließenden Tauber hin zu lenken. Voller Heimatliebe betrachte ich dieses harmonische Stückchen Erde. Schattig und dunkel senkt sich die bevorstehende Nacht über die Hangwälder und Schluchten. Wie auf Verabredung haben die beiden Getreidemühlen ihre Lichter angestellt. Von meinem erhöhten Standort aus kann ich mit etwas Mühe die erleuchteten Fenster abzählen. Es sind viele, und sie sehen alle gleich aus, obwohl man die einen in Stein und in Beton, die anderen in Lehm und Fachwerk gesetzt hat. Ihre Gemeinsamkeit aber liegt darin, daß sie sich das Wasser aus drei Flüßchen teilen und damit ihre gewaltigen Wasserräder speisen. Niemand vermag zu ahnen, wie viele Generationen sich vom Weizen und Roggen, der zwischen diesen Mühlsteinen zerrieben wurde, je ernährt haben. Jetzt hat der herbstliche Abend begonnen, die Fluren ganz zu verdecken. Die Türme von Kirche und Rathaus verschwimmen, und mich rufen die alltäglichen Pflichten in die Gegenwart zurück.

So habe ich auch als Kind empfunden und atmete irgendwann im Jahre 1943 die Abendluft ein. Ich hob den kleinen Sack mit den reifen Früchten auf, um ihn der Mutter zu bringen, die am nächsten Tag daraus Apfelkuchen backen wollte. Dies erledigte sie immer zu einer Zeit, wo wir Kinder uns entweder in der Schule oder im Kindergarten befanden. Die Vorbereitungen mußten wir aber gemeinsam erledigen. So hatte ich auf der kleinen Wiese neben dem Kreuzweg die rotbackigen Äpfel aufgelesen. Mein Großvater hatte damals hauptsächlich Mostobst auf das Grundstück gepflanzt. Er wollte erreichen, daß auch bei schlechter Ernte die Fässer mit Apfelwein stets gefüllt blieben und unser Haustrunk bis zum nächsten Herbst sicher ausreichte. Von den beiden Tafelobstbäumen hatte nur einer die harten Winterfröste unbeschadet überlebt. Seine ausladenden starken Äste luden uns Kinder immer zu einer Kletterpartie ein. Oftmals diente uns der Baum auch als Hochsitz zum Beobachten des Wildes, wenn es in der Dämmerung zu seinen vertrauten Äsungsplätzen wechselte.

Von einem Erlebnis, das sich wahrscheinlich in dieser Zeit abgespielt hat, möchte ich auch berichten: Während ich mit meinen beiden Freundinnen auf der Brücke saß und eher gelangweilt die unter uns durchschwimmenden Fische zählte, beobachteten wir in Wirklichkeit äußerst aufmerksam, welche neuen Liebespaare zum Käppele gingen. Verliebte mußten nämlich immer die Tauberbrücke passieren, um verschwiegene Plätze aufzusuchen, und kamen zwangsläufig an uns vorbei. An diesem Tag interessierten uns die Paare aber weniger, weil wir etwas viel Aufregenderes erblickt hatten. Nur wenige Meter vom Tauberufer entfernt, beim Standbild der Madonna mit dem Kinde, hatte es sich ein Mann bequem gemacht, dessen äußere Erscheinung unsere Blicke anzog. Seine dünnen Beine steckten in buntgestreiften Pluderhosen, den linken Arm hatte er lässig über den Strahlenkranz der Statue gelegt, und in der Rechten hielt er eine rauchende Pfeife. Eigentlich bedurfte es wenig Vorstellungskraft, um eine so gekleidete Erscheinung mit engem Wams und spitzen Schuhen ins Mittelalter zu transponieren. Hutschwenkend sprang er auf und verließ seinen Platz, um mit tänzelnden Schritten in Richtung Brücke zu laufen und immer wieder einen Hofknicks anzudeuten. Das muß ein Verrückter sein, kam es uns mit ein wenig Erschaudern in den Sinn. Wilder und schneller wurden seine Bewegungen, mal hüpfte er, dann blieb er stehen und rezitierte Verse, die wir nicht verstanden, und schwenkte dazu seinen großkrempigen Hut. Die blonden Haare flatterten ihm über die Schultern. Nun waren wir uns absolut sicher, einen leibhaftigen Narren zu sehen. Und wieder tänzelte die hagere Gestalt zum Flußufer, einer eigenen Choreographie folgend und geschickt die Alleebäume am Ufer einbeziehend. Ohne besonderen Übergang erstarrte sein Körper in Regungslosigkeit. Offensichtlich hatten ihn die Gänse auf der Wiese dazu inspiriert, die munter schnatternd im seichten Wasser nach Schnecken und Fischchen suchten. Wie beschützend hielt er beiden Arme über das Federvieh und murmelte etwas, das sich wie „Schwan, ich beschwöre dich" anhörte. Bei diesem Ritus hielt er sein Gesicht der Sonne entgegen, sein Blick schien den tiefblauen Himmel zu durchdringen, vorbei an den Quellwölkchen, die sich wie weißes Mullzeug um die Sonne gruppiert hatten. Lange Zeit geschah gar nichts, außer daß die Hände ruhig waren und die Beine nicht mehr zappelten. Die Stimme war in einen monotonen Sprechgesang übergegangen. Nachdem sich andere Zuschauer eingefunden hatten, interessierte uns diese Entdeckung nicht mehr sonderlich.

Es war wieder einmal Sonntag nachmittag, also einige Stunden, in denen ich für die Familie keinerlei Verpflichtungen übernehmen mußte. Wir spazierten durch den Ort, am alten Rathaus mit den Pranger vorbei, über die Hauptstraße das Dorf hinauf und die Hintergasse wieder hinunter. Vorbei ging es an Hausgärten mit Dahlienbüschen und Geranienzeilen, vorbei ging es auch an grün und blau gestrichenen Holzlattenzäunen. Diese Stille, diese Sonntagsruhe konnte man förmlich riechen. Aus den Ställen strömte die Ausdünstung der Rinder und Schweine in die menschenleeren Gassen. Kein Fahrzeug und kein Pferdegespann verquirlte in diesen Stunden die Luft. Mir war langweilig, ich wollte etwas unternehmen, aber alle meine Vorschläge waren bei meinen Freundinnen auf taube Ohren gestoßen. Uns schien nichts Gemeinsames einzufallen! Offensichtlich empfanden die Freundinnen die Welt anders als ich. Wenn ich manches zu erklären versuchte, sahen sie mich nur mit großen Augen verständnislos an. So gingen wir an diesem Nachmittag getrennte Wege. Wieder und wieder blieb ich auf dem Nachhauseweg stehen, um zu lauschen. Von irgendwoher drang Musik an meine Ohren. Musik, die mit Sicherheit nicht aus einem Volksempfänger kam, denn es waren klare, süße Töne. Ein magisches Band zog mich über Wege und Wiesen, zwischen Apfelbäumen den Bahndamm hinauf, den Klängen entgegen.

Ganz alleine musizierend fand ich den Paradiesvogel von der Tauber – so hatte ich ihn inzwischen im Geiste getauft – wieder. Neben den Bahngleisen, der Wartehalle und dem Doppelklo stand dieser irgendwie irre aussehende Geiger und entlockte seinem

Instrument seltsame Klänge. Ich verlangsamte meine Schritte, horchte und wurde auf wundersame Weise angezogen. Es schien, als hätte er meine Gefühle völlig in der Hand und könnte an ihnen, wie an den Saiten des Instrumentes, beliebig zupfen.

Wie lange dieser Zauber andauerte, vermag ich rückblickend nicht mehr zu sagen. Plötzlich applaudierten jedenfalls viele Menschen, hauptsächlich Hamsterer aus dem Ruhrgebiet, die ihre Familienschätze für etwas Mehl, Kartoffeln oder Speck den Bauern angeboten hatten, um ihre Familien über die Runden zu bringen. Offensichtlich hatten auch sie in diesem Augenblick vergessen, weshalb sie ihr Weg in dieses vergessene Nest geführt hat. Rufe wie „Großartig! Phantastisch!" oder Fragen wie „Wer ist der Mann? Woher kommt er?" wurden hörbar. Und wieder flossen die Töne aus dem Instrument, als ob nichts Menschliches sie entlocken würde, sie kribbelten auf meiner Haut, drangen tiefer und tiefer in mich hinein, um regelrecht Besitz von meinem Herzschlag zu nehmen. Mir war, als kämen die Melodien aus einer anderen Welt, einer Welt voller Träume und schmerzloser Seligkeit. Diese Atmosphäre des Glücks wurde durch die plötzlich einfahrende Dampflok jäh zerstört. Die Reisenden bestiegen die einfachen Waggons, auf denen Plakate mit „Warnung vor dem Kohlenklau" angeheftet waren. Der Bahnhofsvorsteher blickte ohne ersichtliche Regung dem sich langsam entfernenden Zuggespann nach. Noch zehn weitere Dorfbahnhöfe würde der Zug anfahren, um dann in Würzburg die Reisenden den Schnellzügen in alle Richtungen zu übergeben. Ich wußte, daß ich mir Zeit lassen mußte, dieses Erlebnis einzuordnen. Das Wort Künstler kam mir in den Sinn. Obwohl ich das Wort bisher nur selten gehört hatte. Diese schillernde Persönlichkeit gehörte offensichtlich zu ihnen. Ein gottbegnadeter Künstler, der ohne Zweifel jedes brachliegende Gemüt zu erregen imstande war. Eine neue

Seite im Buch meines Lebens wurde an diesem Tag aufgeblättert, und niemand konnte mir helfen, den Text zu entziffern. Immer wieder sagte ich mir laut auf, daß ich nicht geträumt hatte, dies kein Hirngespinst oder eine Einbildung gewesen sei. Es gab offenbar Dinge, von denen ich nicht die geringste Ahnung hatte und die nur für die Seele geschaffen sein mußten. Immer noch durcheinander ging ich den Weg zurück ins Dorf, zwischen den Apfelbaumzeilen hindurch, zwischen Sonneninseln und Schattenstreifen bis hinunter zur Hauptstraße, dann über die steinerne Bogenbrücke, deren unterwühltes Fundament von den reißenden Hochwassern herrührte, die jedes Jahr Mensch und Tier bedrohten.

Mit weitausholenden Armschwüngen betätigte gerade eine Bäuerin an der Ecke zwischen Hauptstraße und Hintergasse den Schwengel der Wasserpumpe. In einem Schluckauf spuckte die Pumpe aus ihrem breiten Löwenmaul den kühlen, klaren Wasserstrahl in den Eimer. Ein grauer Hund mit spitzen Öhrchen überquerte vor mir die Hauptstraße, um von der dicken Nachbarin mit Brotstückchen gefüttert zu werden. Schrill war sie wieder bekleidet, unsere Nachbarin, mit ihren aufgestellten dicken Beinen und den bloßen, körperdicken Oberarmen. Für mich blieb ihr Anblick zeitlebens ein Bild der Dekadenz und der niedrigen Instinkte. Bevor ich die Hoftür öffnete, wanderte mein Blick zum Kirchturm. Heute schienen auch die Schwalben, die den Turm umkreisten, nicht zur Ruhe zu kommen. Ohne Unterlaß sausten sie durch die Lüfte. Hochdruckwetter veranlaßte sicherlich die schwarzen Vögel, um das steil in den Himmel ragende Bauwerk zu tanzen. Einen Moment beobachtete ich ihre kunstvollen Schwünge und Pirouetten. Gab es etwa in der Tierwelt unter dieser fliegenden Gattung ebenfalls Künstler?

Kapitel 9: Wie ich der kriegsdeportierten Olga einst helfen mußte (1944)

Geräuschvoll schwang das große Eingangstor mit den aufgesetzen Löwenköpfen hinter mir ins Schloß. Grob geschmiedet hatte es schon viele Jahrzehnte überstanden. Sicherlich hatte die alte Hofstelle seit ihrer Entstehung anno 1734 bereits einige Zäune kommen und gehen sehen, denn dies war ja das einzig Beständige an diesem bäuerlichen Anwesen. Bei Regen tropfte es durch das Dach in der Lagerhalle auf die alten Kutschen, die einst bessere Zeiten gesehen hatten. Der Einspännerkarren war für den Pferdemarkt hergenommen worden, mit dem Sechssitzer hingegen unternahm man Familienbesuche. Notdürftig hatte man mit selbstgeschnitzten Schindeln das Scheunendach wetterfest gemacht und im Gebälk über dem Stall die Strohballen erneuert. Doch zu einer Generalüberholung des gesamten Hofes konnte sich niemand aufraffen. Noch gab es Pferde, Rinder, Schweine, Hühner, Ziegen, Schafe, eine Menge Enten und Gänse. Das Kleinvieh konnte sich im Hof und im Garten frei tummeln. So und nicht anders werde ich den Hof von Tante Lena ewig in Erinnerung haben.

„Die Mutter hat mich hergeschickt", sagte ich höflich zu Tante Lena. Die kleinwüchsige Tante – sie überragte mich mit meinen zwölf Jahren an Körpergröße nur unwesentlich – besaß als Ausgleich ein nicht zu überhörendes Organ und setzte bei ihren Anweisungen diesen Vorzug stets ein.

Bei meinem Eintreffen hatten es sich Tante Lena und die dikke Olga vor dem Hauseingang auf den Stufen bequem gemacht. Jede der so gegensätzlichen Frauen pulte mit flinken Fingern junge Erbsen aus den Schoten in eine emaillierte Schüssel. Nur die kriegsdeportierte Olga sah kurz auf und lächelte mir mit ein paar sympathischen Augen im pausbäckigen Gesicht zu. Groß und stattlich war sie gewachsen, die Olga. Ihre Arme konnten richtig zupacken, ihr derber, fester Schritt schien schwere Arbeit gewöhnt zu sein. Fröhlich erklang ihr lautes Lachen. Ich konnte nicht umhin, Olga nach ihrem Alter zu fragen, und war überrascht, als sie zweimal ihre zehn Finger hochstreckte. 20 Jahre war sie erst alt, doch ihr Körper hatte sich bereits wie der einer 40jährigen Frau entwickelt. Deutsche Soldaten hatten sie beim Überfall auf ihren Wohnort, ein kleines Dorf an der Wolga, verschleppt. In Eisenbahnwaggons mit anderen, denen es ähnlich ergangen war, fuhr sie durch halb Europa, bis diese qualvolle Deportation irgendwo zu Ende war. Tante Lena hatte Olga unter vielen Arbeiterinnen ausgesucht. Olga selbst gab uns oft zu verstehen, daß es für sie hätte schlimmer kommen können. Nun stellte Tante Lena die Schüssel mit den grünen Kügelchen beiseite, erhob sich und verfütterte die letzten aufgebrochenen Schoten an die recht aufdringlichen Ziegen. Dabei sagte sie wie beiläufig zu mir: „Geh mal rüber zum Kellereingang, dort steht ein Henkelkorb mit reifen Frühäpfeln. Den bringst du deiner Mutter, und bestelle ihr, daß ich sie noch heute sprechen muß. Sag ihr, es sei dringend!" Ich führte meinen Auftrag aus. Zu diesem Zeitpunkt konnte ich natürlich nicht ahnen, daß dieses Gespräch im Zusammenhang mit meinen gefährlichen Erlebnissen einige Monate später stehen sollte.

Unterdessen verschärften sich die Anordnungen für Kriegsgefangene und Fremdarbeiter mit jedem Tag. Der Kontakt untereinander war dieser Personengruppe strengstens untersagt, beim Zuwiderhandeln drohten harte Strafmaßnahmen. Lagerwärter mußten mit schußbereiten Waffen die Einhaltung der Vorschriften überwachen. Bauern und Bäuerinnen hatten die Pflicht, während der Ruhezeit ihres „Gefangenen" die Schlafzimmertür abzuschließen, um jede Fluchmöglichkeit auszuschließen. Aus diesen Verordnungen heraus befand sich Tante Lena in einer mitverschuldeten Zwangslage, denn Olga war schwanger. Irek, ein grobschlächtiger, wie für den Boxsport geschaffener Mann aus der Ukraine, hatte Olga nachts in ihrer Kammer einige Male besucht. Für die nächtlichen Streifzüge hatte er nur eine nicht einsehbare Mauer zu überwinden. Die Tür zu Olgas Stube fand er immer offen, und so bekam niemand im Haus etwas mit. Erst als es sich nicht mehr verheimlichen ließ, weihte Olga ihren aufsichtspflichtigen Bauern ein. Für alle Mitwisser galt es, strengstes Stillschweigen zu wahren.

Der Tag, an dem alles offensichtlich werden würde, war noch fern. Vielleicht würde ja ein Wunder geschehen und der Krieg dann bereits zu Ende sein. Oder eine annehmbare andere Lösung wurde für alle Beteiligten gefunden. Die körperlichen Veränderungen an Olga waren glücklicherweise für Nichteingeweihte nicht erkennbar. War doch durch ihre natürliche Körperfülle das Geheimnis erst einmal sicher. Nachdenklich und wortlos konnte man sie jetzt bei der Arbeit beobachten, keine Lieder aus ihrer Heimat, kein Scherzen und Lachen kam über ihre Lippen. Ihr muß sehr bewußt gewesen sein, daß ihr weiteres Schicksal in den Händen der wenigen Menschen lag, denen sie zwangsläufig vertrauen mußte.

Das Kriegsgeschehen hatte sich an allen Fronten verschärft. Die Mißstimmung gegen Fremdarbeiter nahm beunruhigende Ausmaße an. Man gönnte ihnen teilweise nicht einmal das Dach über dem Kopf. Beschimpfungen und provozierende Mißachtung waren an der Tagesordnung. Einige bezichtigten sie sogar der Spionage oder machte sie für den Rückzug und das Scheitern der deutschen Armee verantwortlich. Nur ihre dringend benötigte Arbeitskraft rettete vielen Kriegsgefangenen das Leben.

Als ob es das Wort Zeit überhaupt nicht gibt, so geschah Tag für Tag, Monat für Monat unabwendbar, was in der Natur vorgesehen war. Irgendwann wurde auch Olgas Zustand zur alltäglichen Normalität. Der schneereiche, eisigkalte Winter hatte in den ersten Märztagen an Kraft verloren. Die Eisblöcke schrumpften. Sie hat das Schmelzwasser aus dem übervollen Flußbett auf die Uferwiesen geschoben. Tiefbraun und satt vom Wasser kamen die Erdschollen zum Vorschein, und wie zum Trotz verbreiten die Haselnußblüten ihren Goldstaub. In einer dieser kühlen Märznächte hatte Olga ihr Kind geboren. Es war ein Junge, der nur wenige Stunden am Leben erhalten werden konnte. Meine Mutter und Tante Lena hatten Vorbereitungen für ein lebendes Kind getroffen, nun waren sie beide ratlos. Eines stand fest, auf gar keinen Fall durfte der Tagesablauf nach außen hin von den üblichen Gewohnheiten abweichen. Selbst Olga mußte sich noch am selben Tag im Hof zeigen, um nicht der geringsten Vermutung Nahrung zu geben. Erst jetzt wurde ich eingeweiht. Man hielt mich offensichtlich für reif genug, ein Geheimnis zu bewahren, oder dachte man daran, daß ich als Kind noch nicht strafmündig war?

Die Abendglocken läuteten zur Fastenmesse. Noch nie vorher in meinem jungen Leben hatte ich die Worte des Pfarrers so bewußt aufgenommen. Nun stand auf einmal ein Sinn hinter jedem seiner Worte. Selbst das Amen stärkte mich für das, was ich nach der Kirche zu tun hatte.

Statt nach Hause zu gehen, lief ich in die hintere Gasse zum Haus von Tante Lena. Immer wieder erklärte mir die kleine Tante, wie ich mich zusammen mit Olga zu verhalten hätte. Das Tageslicht verschwand, und es war soweit. Um sich abzulenken, hatte Olga noch Holz in den Ofen gelegt, einen Eimer voll Brunnenwaser geholt und ging nun nervös hin und her. In einer schwarzen Ledertasche, die aus vielen kleinen Flecken zusammengenäht und mit zwei Trageschlaufen versehen war, wurde ein unheimliches Päckchen gelegt. Es hatte die Größe einer Schuhschachtel, war in weißen Stoff eingeschlagen und mit einem aufgemalten Kreuz versehen. Zusammen mit Olga ging ich über den Hof durch die Scheune, passierte den großen Birnbaum im Grasgarten und versuchte jegliches Geräusch zu vermeiden. Wie Verbrecher schlichen wir den Hag hinauf und trugen das tote Baby zwischen uns. Das quietschende Friedhofstor wurde angelehnt. Durch den Mittelgang huschten wir wie lautlose Schatten zwischen den Grabreihen zu den Kindergräbern. Diese befanden sich in einer Ecke an der Friedhofsmauer. Dort ruhte auch der im Kindesalter bereits verstorbene Bruder meines Vaters. Schnell und ohne Unterbrechung hatten wir das Ruhebett des namenlosen Säuglings in den Hügel gegraben. Mit einem Gebet legten wir die Tasche in die Grube und verschlossen das Grab wieder.

Die Toten auf dem Gottesacker bereiteten uns keine Sorgen, sie ruhten in ewigem Frieden und konnten den Lebenden nicht gefährlich werden. Allgegenwärtig war dagegen die Furcht, von einem Nazispitzel entdeckt zu werden. Im nachhinein gesehen, war es ziemlich makaber, bei Nacht ein Grab zu öffnen, um ein Kind, das es darin eigentlich nicht geben durfte, zu beerdigen. Dieser Gedanke störte auch Olga. Ich spürte, wie ihre Hand nach meiner griff. Sie hatte, seit wir aufgebrochen waren, kein Wort gesprochen. Am Grab hatte sie in ihrer Sprache gebetet und Abschied von ihrem Kind genommen. Ich fühlte in diesem Augenblick nur Nacht um mich und Olgas kalte Hand. An diesem Tag waren die Machtmenschen des Dritten Reichs um eine junge Frau und ihr Kind, die sie als Kriegsbeute definiert hätten, betrogen worden. Einmal war keine Rache an Kriegsgefangenen, die auch nur Menschen waren, verübt worden.

An grauen Haussilhouetten mit dunklen Fensteraugen schlichen wir zurück. Nicht der geringste Lichtschimmer beleuchtete die Gassen, nur der kräftige Schlag der Turmuhr im viertelstündigen Rhythmus zeigte, daß die gespenstische Dorfkulisse Leben in sich barg. Drüben am Bach glich die alte Mühle einem schlafenden Krustentier, ohne Haare, ohne Augen, ohne Fleisch und Blut, aber grausam deutlich in seiner Struktur. Das Leben, das sich darin verbarg, duckte sich unter dem gegebenen Blutzoll, der auch dort wie in manchen Familien doppelt und dreifach gezahlt werden mußte. Tante Lena erwartete Olga und mich bereits an der Haustüre. Sie schaute mich forschend an, und ich nickte ihr nur zu. In der Küche zeigte sie zum Herd, auf dem ein Topf mit gekochter Milch stand. „Nehmt euch davon und geht dann zu Bett!"

Dann wurde es Hochsommerzeit, und die Zeit der Distelblüte kam. Es war aber auch die Zeit, in der das Getreide geschnitten wurde und das Wiesengras hochwuchs. Noch waren die Wiesen arm an Blumen und Blüten, am Wald- und Wegrand leuchteten hingegen die Wiesenglockenblumen in üppiger Pracht. Ihr Blau erinnerte an einen tiefen Bergsee. Zusammen mit der Goldrute wogten Schafgarbe und Johanniskraut im Sommerwind. Dolden von Geranien und wilden Nelken, die die Luft mit eindringlich süßem Duft erfüllten, wucherten an den Lattenzäunen der Hausgärten. Hier, wo Wiese, Feld und Wald ineinander übergingen, standen auch die typisch roten und violetten Blütenköpfe, die tausendfach Insekten zum Besuch einluden. Die Disteln lockten nämlich Schmetterlinge, Hummeln, Marienkäfer und Pinselkäfer in ganzen Scharen an. Schier berauscht waren die Insekten von dem, was die Disteln ihnen boten. Es waren diese stacheligen Blumen, die das Landleben und die Ernte mühsam und schmerzhaft gemacht hatten und hier ihren Lebensraum behaupteten.

Meine Geschwister Eduard und Leni rüsteten sich mit mir für die Getreideernte. Die Sense wurde geschärft, die Sicheln gewetzt und farbige Hanfschnüre zum Verschnüren der Garben geschultert. So machten wir uns auf den Weg. Mutter lag mit Gallenkoliken im Krankenhaus in Aub, und vom Vater hatten wir schon sehr lange keine Nachricht mehr erhalten. Die täglichen Verpflichtungen und das Sorgen für die drei jüngeren Geschwister bereitete uns drei älteren Kindern keine großen Sorgen. Natürlich ging schon mal ein Kuchenbacken oder Essenkochen daneben, aber die wesentlichen Dinge klappten gut.

Als ich Mutter im Krankenhaus besuchen wollte, überflogen immer wieder Bombengeschwader in großer Höhe unsere Region. Aus dem Rundfunkempfänger hörten wir, wohin sie ihre vernichtende Last getragen hatten. In diesen Momenten waren wir froh, nicht in einer Stadt leben zu müssen. Tags darauf fuhr ich mit dem Zug um halb drei nach Aub zu Mutter. Ungefähr zwei Kilometer vor der Ortschaft, an der Haltestelle Burgerot, überflog ein Tiefflieger die Dampflok mit den drei Personenwagen und einem Gepäckwaggon. Sofort hieß es einsteigen und weiterfahren. Der Schaffner herrschte die Fahrgäste an, Fenster und Türen zu schließen und sich ruhig zu verhalten. Und wieder flog das Flugzeug über den Zug hinweg, jetzt mit schnatternden Bordwaffen. In einer Waldschneise kam der Zug zum Stehen. Alle Fahrgäste stiegen aus und flohen panisch nach allen Seiten in die Büsche hinein. Ich lief um mein Leben, drängte mich zwischen einem Baumstamm und einer Mauer, so flach es ging, auf den Boden. Wieder peitschten aus dem Flugzeug Maschinengewehrsalven auf uns nieder. Man hörte die Maschine nicht kommen, der Motorenlärm war plötzlich über einem, und die Bordwaffengeschosse schlugen links und rechts entlang der Bahntrasse ein. Nach rund zehn Minuten war der Spuk vorbei. Es gab zum Glück keine Verletzten, alle waren mit dem Schrecken davongekommen. Zum erstenmal war ich dankbar für die Verordnung, die Schutzgräben an den Straßen vorsah.

Wie in jedem Sommer entließ uns Lehrer Hoffmann Ende Juli in die großen Ferien. Er galt politisch als Mitläufer, obwohl das Ehepaar Hoffmann als Ortsgruppenleiter fungierte. Hoffmanns Qualitäten als Pädagoge konnte man als mittelmäßig bezeichnen. Mit mir hatte er nur die Vorliebe für Musik gemeinsam. Bei ihm waren acht Stunden Singen in der Woche keine Seltenheit. Oftmals verbesserten meine ersungenen Einser den Notendurchschnitt im Abschlußzeugnis.

Der Sommer hatte viele Vorteile. Man benötigte weniger Kleidung, konnte barfuß gehen und verbrauchte weniger Heizmaterial. Die aufgebrühte Aschenlauge, die als Waschpulverersatz verwendet wurde, hinterließ in den Kleidungsstücken einen Grauschleier, der auch nach intensivem Spülen noch zu sehen und vor allem zu riechen war. Holzschuhe waren die einzige Fußbekleidung, die gelegentlich noch zum Kauf angeboten wurde. Straßen- und Arbeitsschuhe gab es nur über den Schwarzmarkt, dessen Währung Lebensmittel waren.

In regelmäßigen Abständen mußte ich zusammen mit anderen Schülerinnen in der Morgenmesse ein Requiem für einen gefallenen Soldaten singen. Die Nachricht „in Rußland für Volk und Vaterland gefallen" hatte die jeweils betroffene Familie am Vortag der Messe erreicht. Das stumme Aufbäumen gegen das Schicksal, Väter, Brüder und Söhne für eine machtlüsterne Sache in den Tod zu jagen und in einem fremden Land, in einem Grab, auf dem niemals eine Blume wachsen wird, zu wissen, betäubten die Betroffenen mit Beten. Einen Brief vom Vater hatte die „Post-Anna" gebracht. Es waren flüchtige Zeilen mit merkwürdigen Andeutungen und natürlich mit vielen Sorgen um uns Kinder.

Wir sechs Geschwister hatten einen guten Vater, den besten, den sich Kinder wünschen können, und eine Mutter, in der sich Willensstärke, Mut und Durchsetzungsvermögen mit fürsorglicher Liebe mischten. Wir fühlten uns geborgen in jeder Lebenslage. Das schloß nicht aus, daß ein jeder von uns oftmals bis an die Grenzen seiner Kraft gefordert wurde. Aber irgendwie gab jeder von uns in dieser schwierigen Zeit sein Bestes. Trotzdem gab es auch Tage, die uns das Kriegsgeschehen völlig vergessen ließen. Es waren kleine, unmaßgebliche Dinge, die durch ihre wiederholte Beständigkeit im Leben eines Kindes ein Fundament bildeten. Zu diesen Regelmäßigkeiten zählte auch der Besuch eines Großonkels, der nur einmal im Jahr und immer ohne Ankündigung kam. Seine Ankunft glich einem Uhrwerk, das den Tagesablauf strukturiert.

Selbst der Regen bestimmte den Tagesablauf in der Landwirtschaft. Sonnenschein dagegen ließ den gesamten Hof zur Freilandküche werden. Man wusch das Gemüse am Brunnen, setzte sich mit Handarbeiten an den Gartenzaun und wusch sich im abgeschlossenen Hof. Ein eigenartiges Wohlbefinden zauberten dann die warmen Sonnenstrahlen auf die frisch gewaschenen hüftlangen Haare. Hier wuchs ein vertrauensvolles Zusammengehörigkeitsgefühl zwischen Kindern und Erwachsenen. Die erfolgreichen Sondermeldungen in den Rundfunknachrichten hatten aufgehört. Rückzug und schwere Kämpfe an den Ostfronten ließen die Ehefrauen und Mütter der dort kämpfenden Soldaten in Depressionen verfallen. Dazu kam die schwierige Versorgungslage im Land. Strenge Strafen erhielten Lebensmittelschmuggler. Anzeigen und Verrat waren an der Tagesordnung. Durch das Mißtrauen mußte sich bald jeder vor jedem in acht nehmen.

Wie an jedem Abend kontrollierte Mutter die Verdunklungen an den Fenstern. Dennoch schien etwas anders zu sein, denn zusätzliche Tücher wurden über die Rahmen gehängt. Früher als üblich wurden wir Kinder zu Bett geschickt und ermahnt, uns ruhig zu verhalten. Am folgenden Morgen sahen wir, was geschehen war. Mutter hatte die Dunkelheit der Nacht benutzt, um zusammen mit einem betagten Metzger ein Kalb zu schlachten. Das Tier war sechs Wochen vorher geboren worden. In das Melderegister hatte man eine Scheinträchtigkeit der Mutterkuh eintragen lassen. In den Gesichtern der örtlichen Kontrolleure konnte man lesen, wie sie darüber dachten. Wenn es sich dabei nicht um eine Frau mit sechs Kindern gehandelt hätte, wäre Mutter zu einem Jahr Zwangsarbeit verurteilt worden.

Der Krieg zeigte mittlerweile Auswirkungen, die die Hitlerregierung nicht vorausgeplant hatte. So waren die Kriegsgefangenen ein ernst zu nehmendes Problem. Aus ganz Europa wurden sie nach Deutschland verschleppt, um als billige Arbeitskräfte in den Rüstungsbetrieben und in der Landwirtschaft zu arbeiten. Diese Menschenmasse mußte ernährt und untergebracht werden, das alleine stellte schon ein kaum zu lösendes Problem dar. Überdies mußten die Gefangenen von speziell dafür ausgebildeten Männern beaufsichtigt werden. Im Laufe des Krieges wurden aber die qualifizierten Aufseher durch andere ersetzt. Aus Unsicherheit und Angst heraus bestraften diese weniger geschulten Aufseher bereits geringe Verstöße mit überzogener Härte. Jeden Fluchtversuch bezahlten die Kriegsgefangenen mit ihrem Leben. Nachdem die Gefangenen unterschiedliche Herkunftsländer hatten, gab es eine Rangordnung unter ihnen. An der Spitze standen Franzosen und Belgier. Deportierte aus östlichen Ländern wurden geringgeschätzt. In manchen Fällen erging es aber vielen Zwangsverpflichteten auf dem Land besser als den deutschen Soldaten an der Front.

Wenn ein Transport Gefangener am Bahnhof eintraf, konnten wir Kinder einen kleinen Einblick in die menschlichen Abgründe nehmen. In respektvollem Abstand sahen wir uns dann die angeblich minderwertigen Menschen an. Aus vergitterten Gucklöchern der Viehwaggons starrten uns verwahrloste, bärtige Gesichter an. Die mit Ketten gesicherten Schiebetüren standen nur einen Spaltbreit offen. Dadurch konnte man ins Innere schauen und das ganze Elend einfangen. Lumpenbündel, in denen sich menschliche Wesen bewegten, lagen oder standen übereinander. Bettelnde Hände reckten sich uns aus dem Türschlitz entgegen.

Wir konnten diesen Anblick nie lange ertragen. Der Bahnhofsvorsteher war noch extra angewiesen worden, diesen armen Menschen nicht einmal Wasser zu geben. Darüber waren wir so empört, daß wir unsere Eindrücke dem pensionierten Briefträger Drescher schilderten. Ohne ein Wort zu sagen, verschwand er in seinem Haus und kam mit einem Suppentopf zurück, den er zusammen mit einem Stück Brot zu den abgestellten Gefangenenwaggons brachte. Der Aufseher des Transportes drohte, den alten Mann zu erschießen, als er sein Vorhaben erkannte. Aber Drescher ließ sich nicht abschrecken. Ganz im Gegenteil, er bot Paroli. An die Parteizentrale würde er schreiben und Meldung erstatten mit der Begründung, daß dringend benötigte Arbeitskräfte dem Hungertod preisgegeben würden. Ein heftiges Wortgefecht entbrannte, und eine vorgezeigte NSDAP-Anstecknadel rettete Drescher vor schlimmsten Konsequenzen. Mit einem eigenartigen Lächeln im Gesicht trug er an diesem Tag den leeren Suppentopf nach Hause.

Ein anderer Vorfall hatte sich kurz vor meinem Geburtstag Anfang des Jahres ereignet. Für uns Kinder gab es nichts Schöneres, als an der Bahnböschung Schlitten zu fahren. Dort, wo wir rodelten, arbeiteten 20 russische Kriegsgefangene mit schwerem Handwerkszeug an den Gleisschwellen. Die abgemagerten Männer hatten Lumpen zum Schutz gegen die Kälte um ihre Beine gewickelt und spalteten mit Hieben den gefrorenen Boden. In einer gewissen Tiefe stießen sie auf lockeres Erdreich. Immer wieder bückte sich einer aus der Kolonne und steckte etwas schnell in den Mund. „Laßt das sein, ihr Schweine", brüllte der Auseher plötzlich laut. Bei näherem Hinsehen wurde ich vor Ekel geschüttelt. Die Männer hatten sich Würmer und Schnecken, die sie im Boden fanden, in den Mund gesteckt.

Auf dem Abstellgleis daneben überwachte gerade der Mühlenbesitzer Adolf Kemmer das Verladen von Getreide. Breitbeinig stand er zwischen den Schienen und beobachtete das Rangeln des Bautrupps um die Würmer. Plötzlich brüllte er: „Heiner komm her!" Heiner, sein Pferdeknecht, wurde zum Dorfbäcker geschickt, um Brot zu holen. Kemmer wies ihn noch an: „Hole so viel Brot, wie du tragen kannst." Die erschöpften Russen fielen auf die Knie und versuchten, dem Müller die Hände und die Füße zu küssen, als dieser dicke Schwarzbrotstücke an sie verteilte. Demonstrativ schauten dabei die Bewacher weg.

Solche Szenen beschäftigten mich lange, und noch heute spreche ich davon. In solchen Augenblicken spürte ich ganz deutlich die schützende Geborgenheit innerhalb der Familie. Wie fast an jedem Winterabend durften meine Geschwister und ich zu den Großeltern ins Hinterhaus. Großvater saß mit Freunden am Eichentisch beim Kartenspiel. Gedämpft wie das Licht der einzigen Glühbirne im Raum war auch die Unterhaltung der betagten Männer. Kein Aschenbecher, keine Schnupftabaksdose und kein Mostkrug wurden beim Spielen geduldet.

Unterdessen sammelte Großmutter vor dem Ofen ihre Enkel um sich. Da waren nicht nur wir sechs Kinder im Hause willkommen, auch Elfriede und Anton aus dem Nachbarhaus waren oftmals anwesend. Atemlos lauschten wir ihren Erzählungen, dichtgedrängt saßen wir auf ihrer Aussteuertruhe und hielten uns gegenseitig fest. Die Großmutter saß uns gegenüber in einem Ohrensessel, gekleidet in farbenfreudiger Tracht und mit dem schwarzen Samtband im Haar. Sie erzählte uns überlieferte Geschichten, die viele Jahrhunderte überdauert hatten und aus einer Welt kamen, wo es noch kein elektrisches Licht gab. Häufig erweckten die Sagen in uns einen unersättlichen Wissensdrang nach mehr solcher Geschichten, dann wiederum empfanden wir auch ein wenig Angst. Immer aber fühlten wir uns in Großmutters Nähe geborgen und vertrauten ihr unsere jungen Seelen an.

Kapitel 10: Das letzte Kriegsjahr (1945)

In aller Eile wurden im letzten Kriegsjahr von den Bauern die
Felder bestellt. Das ferne Grollen wie von einem herannahenden
Gewitter gemahnte die arbeitenden Menschen zur Eile. Niemand
wagte es auszusprechen, was doch jeden beunruhigte: Wie wird
es werden, wenn der Frontverlauf direkt über unseren Landstrich
hinwegzieht? Auf welche Weise wird sich das Leben verändern?
Werden wir überhaupt alle überleben? Für den sogenannten Volkssturm hatte man in einem hilflosen Akt alle Männer bis zum 60.
Lebensalter zu den Waffen gerufen. So wurden junge Knaben
teilweise mit ihren Großvätern vereidigt, mit Waffen ausgestattet
und dem heranrückenden Feind entgegengeschickt. Mit letzter
Kraft und einem sinnlosen Aufbäumen galt es, das Vaterland zu
verteidigen. Die stündlichen Rundfunkmeldungen nahmen he-
roische Züge an. Da berichtete mal ein Sprecher, untermalt von
aufpeitschender Marschmusik, daß ein 15jähriger Hitlerjunge aus
kurzer Entfernung einen alliierten Panzer abgeschossen hat, der
sich seiner Heimatstadt Aachen genähert hatte. Sein kurzes Leben hat er tapfer für seinen Führer, sein Volk und Vaterland hin-
gegeben. Nachrichten in diesem Stil trafen jeden Hörer im Inner-
sten, doch niemand durfte seine wahren Gefühle zeigen.

Mutter schärfte uns Kindern ein, daß wir uns beim Annähern
von Tieffliegern flach auf den Boden werfen sollten. In diesem
Frühjahr schlichen wir förmlich auf die Felder. Voller Angst brachten wir die Getreidesaat aus und hatten zuvor eine Stelle im Gelände markiert, die im Falle eines Falles als Unterschlupf dienen
sollte. Doch sobald das Motorgeräusch hörbar war, war auch der
Zeitpunkt, sich in Sicherheit zu bringen, schon verpaßt. Trotzdem rannten wir jedesmal von neuem um unser Leben. Ein Steinriegel, eine Hecke, ein Graben oder jeder andere Sichtschutz

wurde gegen die anstürmenden Flieger mit den singenden Motoren ausgenutzt. Rasch hatten wir gelernt, daß wir die in großer Höhe über uns hinwegziehenden Flugverbände nicht zu fürchten brauchten. Für diese schweren Bombergeschwader war das flache Land uninteressant. Sie hatten die großen Städte zum Ziel und luden dort ihre Brand- und Sprengbomben ab, um direkt wieder zu ihren Ausgangsflughäfen zurückzukehren. Ein maximaler Geschwaderverband zählte rund 120 Flugkörper. Bei einer solchen Kapazität waren die Verluste eher gering.

Nervenzerreißend und entmutigend gestaltete sich hingegen der täglich näherrückende Lärm detonierender Sprengkörper. Neue Gerüchte kamen stündlich in Umlauf: Von verwüsteten Dörfern, deren Bewohner bei geringstem Widerstand erschossen wurden und von zu Tode geschleiften Parteifunktionären war die Rede. Aufgewühlt wurden die Gemüter durch ungenaue Berichte, die im Rundfunk gesendet wurden. In diese Unsicherheit hinein regnete es Flugblätter vom Himmel, die die Bevölkerung zur kampflosen Kapitulation aufforderten. In den letzten Aprilwochen des Jahres 1945 erreichte die Nervosität ihren Höhepunkt! Hatten wir bis dahin die Schrecken der Tiefflieger und die Folgen des Truppenrückzuges zu spüren bekommen, so versetzte uns das Eintreffen einer tonnenschweren Sprengbombe in Todesangst. Damit sollte die steinerne Gollachbrücke in die Luft gejagt werden, um ein Überqueren unmöglich zu machen. Niemand im Dorf konnte darin aber einen Sinn erkennen, zumal das flache Flußbett an vielen Stellen nur kniehohes Wasser führt. Solche Furten konnten leicht mit einem Pferdegespann passiert werden. Daß die militärische Übermacht der Alliierten durch das Unterbrechen der Straße aufgehalten würde, glaubte niemand.

An einem Spätnachmittag war der Zeitpunkt der Brückensprengung gekommen. Die Ortsbewohner waren darauf vorbereitet, die Türen und Fenster zu öffnen, den Strom abzuschalten und die Schutzräume aufzusuchen. Ein Gefühl der Angst vor der Detonation machte sich breit. Die Luftlinie zum Sprengort betrug ja nur 200 Meter! Zum großen Knall drückten sich Staub und Pulverdampf durch die Ritzen der Kellerräume. Die Schäden an den Häuserfassaden waren beträchtlich. Alleine die Druckwelle hatte reihenweise Dachziegel abgeblättert.

Mit Paukenschlag brach die deutsche Armee weitere Brücken in der Gegend hinter sich ab. Mit den wenigen im Ort verbliebenen Wehrmachtsangehörigen wurde Stellung bezogen. Nur geringe Mengen Handfeuerwaffen standen auf deutscher Seite zur Verfügung. Am Ostersamstag setzte der Artilleriebeschuß ein. Zwei junge Menschen fielen den ersten Granaten auf das Dorf zum Opfer. Das zermürbende Machtspiel ging weiter, und das Dorf wurde zum Zielpunkt detonierender Raketen. Die Angst wuchs, und niemand verließ mehr freiwillig die Schutzräume. Als es Abend wurde, bereitete sich jeder eine Schlafstatt vor und versuchte auszuruhen. Alle waren ermüdet durch das tagelange Stillsitzen und verbraucht an Körper und Geist durch die monoton heruntergeleierten Gebete. So hatte jeder das Verlangen, für ein Weilchen der Realität zu entfliehen oder in einen steinernen Schlaf zu versinken. Einen Schlaf, nach dem man erahnen kann, wie es sein muß, tot in einem Sarg zu liegen und nichts mehr wahrzunehmen.

Steif an allen Gliedern erwachten wir gleichzeitig fröstelnd in unserem Kellergewölbe. Mein erster Gedanke kreiste darum, den stickigen Raum zu verlassen und im Hof die Füße ein wenig zu vertreten. War es das flackernde Kerzenlicht, das Tag und Nacht die Dunkelheit zu durchdringen suchte und doch nur die schemenhaften Konturen von Regalen und Fässern erkennbar werden ließ? War es die aufsteigende Feuchtigkeit aus dem lehmgestampften Boden, die den Schutzsuchenden immer wieder Kälteschauer über den Rücken rieseln ließ? Oder war es die Angst vor dem Ungewissen, das unaufhaltsam in den kommenden Tagen über uns alle hereinbrechen würde? Wie dem auch war, ich erlebte an diesem Morgen den jungen Tag mit allen Sinnen.

Samtweiche Luft, durchdrungen vom Flimmern wärmender Sonnenstrahlen, und den aquarellfarbig blauen Himmel mit seinen umherschwimmenden Wölkchen. Noch nie war es mir bewußter geworden, welch hohen Stellenwert Freiheit für den Menschen bedeutet. Sich einmal nicht mehr verstecken zu müssen und angstlos die wenigen Schritte vom Keller ins Haus zurücklegen zu können.

Kein Mensch wagte sich mehr auf die Straße. Neuigkeiten wurden von Fenster zu Fenster verbreitet. Das Näherrücken der Front konnte man immer deutlicher hören. Ja, man roch ihn förmlich, den Krieg. Man roch den Pulverdampf aus zerborstenen Granaten, den Rauch aus zerbombten Gebäuden, der sich oft mischte mit dem Verwesungsgeruch von Bordwaffen durchsiebter Körper. Die deutsche Armee zog sich zurück. Die Nächte waren erfüllt vom Getöse gepanzerter Fahrzeuge. In der Straßenkurve vor unserem Haus hatte man „menschliche Wegweiser" stationiert, die mit abgedunkelten Lampen den rollenden Eisenkolossen Signale zublinkten. Und jedesmal erzitterten die Häuser bis ins tiefste Fundament, wenn das gespenstische Treiben vorüberrollte, um nach Süden geräuschvoll davonzuschleichen.

Großvater war der einzige in unserer Familie, der durch nichts zu bewegen war, den Schutzraum aufzusuchen. Unruhig, als ob er seinen baldigen Tod vorausahnen würde, ging er durch die Gassen, beobachtete die Hohe Steige an der Nordseite des Dorfes und entdeckte auch die Spähtrupps, die der Feind vorausgeschickt hatte. Wiederholt waren Menschen von Granateinschlägen getötet worden. Jetzt wollte er die Hinterbliebenen besuchen und sie trösten. Einmal wurde ein Teil des Friedhofes von einer Rakete verwüstet. Großvater wollte nur nachsehen, ob das Kindergrab seines ersten Enkels getroffen worden war. Dies war sein letztes Vorhaben! Beim Verlassen des Gottesackers wurde er von einer Kugel tödlich getroffen. Tödlich getroffen wurden auch die jungen Landser, die fast zeitgleich auf einem Lastwagen von den Bordwaffen der Tiefflieger durchsiebt wurden. Mit aufgerissenen Leibern lagen sie noch blutüberströmt auf dem Wagen, der im Schritttempo den Ort passierte. Schon sauste die Kreuzformation der Vorhut im Tiefflug und mit schnatternden Maschinen über das enge Taubertal hinweg. Eilig verabschiedete sich ein junger Offizier, der seit Tagen im Dorf stationiert war und eine enge Beziehung zur jungen Witwe aus dem Ruhrgebiet aufgenommen hatte. Die wenigen noch vorhandenen Lebensmittelvorräte wurden vergraben, schwarz gebrannter Rüben- und Obstschnaps im Brunnenschacht versenkt und die Stromleitungen abgeschaltet. Mehr als Abwarten und Beten konnten wir nicht. Stunde um Stunde, immer und immer wieder den schmerzhaften Rosenkranz. Mit dem Zusatz „O Maria, hilf doch mir, sieh, es fleht ein Kind zu dir. Du bist es ja, die helfen kann, o Mutter, nimm dich meiner an." Erwachsene Menschen wurden in solchen Momenten zu Kindern, sie weinten und jammerten oder aber sie schleppten unsinniges Zeug mit sich herum, wie ein Kind seine Puppe oder einen liebgewordenen Teddybären. Stündlich änderte sich die Situation. Dort, wo einst die jahrhundertealten Steinfundamente der Bogenbrücke verankert waren, klaffte nun ein tiefes Loch. Hinter vorgehaltener Hand wurde von weißen Fahnen und Verhandlungen mit den quasi vor der Haustüre stehenden Feinden gesprochen. Dann wieder machte die Todesnachricht eines alten Bauern die Runde. Mit Erleichterung vernah-

men dies die Nachbarn, denn die Schreie dieses von einer Grana-
te mit Phosphor übergossenen Mannes waren schier unerträglich
geworden.

Problematisch war es, eine warme Mahlzeit zuzubereiten, si-
gnalisierte doch der aufsteigende Rauch dem Feind, wo sich
Menschen aufhielten. Für die Zivilbevölkerung gab es nur das
eine: sich zu verkriechen und auszuharren. Jeder, der sich bei
Anbruch der Dunkelheit auf die Straße wagte, spielte mit seinem
Leben. Trotzdem gab es Mutige wie Babette, die Schwester des
Pfarrers, die sich auf Schleichwegen durchs Dorf tastete, um bei
Mutter Milch und Brot zu holen. Diese Frau, die uns Kinder immer beschimpft hatte, wenn wir vom Überhang aus dem
Pfarrgarten einige Pflaumen aßen, zerfloß nun vor Dankbarkeit
für ein wenig Essen. Es schien, als hätten der Pfarrer und seine
zwei Schwestern in der Gemeinde weniger Freunde, als man glauben mochte. Die Frauen des Dorfes bewiesen aber in der ver-
zweifelten Lage einen diplomatischen Sinn, indem sie langsam
das Pflichtbewußtsein der wenigen abgestellten deutschen Soldaten untergruben. Langsam ebneten sie so Schritt für Schritt den
Weg zur kampflosen Übergabe des Ortes.

Schon am Abend verbreitete sich eine merkwürdig lauernde
Ruhe. Keine Gewehrsalven oder Motorgeräusche waren mehr zu
hören. Taub und dunkel brach die Nacht des Infernos herein. Selbst
die Häuser mit ihren dunklen Fensteraugen schienen das heran-
rückende Unheil zu ergründen. Mit all den ergriffenen Maßnah-
men hatte sich das Dorf zwischen die Fronten ins Niemandsland
manövriert.

Das hektische Treiben wich der Ruhe. Mutter hatte ein warmes Fußbad für einen unscheinbaren Landser hergerichtet. Beim
Abschied segnete der ruhige Mann unser Haus und unsere Familie. Es stellte sich heraus, daß wir einen katholischen Geist-

lichen verpflegt und umsorgt hatten. Alle jungen Pimpfe waren fort, um in irrsinnigen Aktionen sich der Übermacht des Gegners entgegenzustellen. Viele gaben weinend und der nervlichen Belastung nicht gewachsen auf. Andere versuchten sich mit Alkohol Mut einzuflößen. Die meisten wurden von den Alliierten aufgegriffen und abtransportiert.

Nur wenige Stunden vorher war ein gewaltiger Feuerball vom Himmel über die nördliche Tauberebene abgestürzt. Mit einem gewaltigen Aufschlag verbrannte der viermotorige Bomber im Wäldchen bis zur Unkenntlichkeit. Wie durch ein Wunder gelang es dem Offizier, aus dem brennenden Flugzeug per Fallschirm abzuspringen. Ein Bauer riskierte sein Leben und brachte den Fallschirmspringer und seinen toten Kameraden mit einer Kutsche ins Krankenhaus. Auf offener Straße war das Gefährt ein gutes Ziel für jeden Bordwaffenschützen, und so lenkte der Kutscher sein Gespann dicht an den Hauswänden entlang.

Leicht am Bein verletzt lag der britische Pilot auf dem mit Stroh gepolsterten Wagen. Einer jungen Studentin, die Englisch sprach, vertraute er an, daß seine Verletzung nicht weiter schlimm wäre. Ich durfte der Szene beiwohnen und betrachtete den ersten Engländer meines Lebens mit besonderem Interesse. Er war jung, besaß eine sportliche Figur und verfügte über eine sympathische Ausstrahlung. Seine schlanken Finger nestelten unentwegt an den Knöpfen seiner Uniform. Ein wunderschön gemustertes Halstuch quoll bei jeder seiner Bewegungen unter der geöffneten Uniformjacke hervor, bis er es schließlich abnahm und in die Hosentasche steckte. Mit wachsamen Augen verfolgte er jede Bewegung seiner Umgebung. Ein rundum netter Bursche, ein Kerl zum Verlieben.

Aber noch war der Krieg nicht zu Ende: Zögernd schlich sich die Nacht in die länger werdenden Frühlingstage. Fast wollte man dem Kirchturmschlag zuraunen, still und leise zu sein, damit ihn der Feind nicht hören könne. Mehr als 30 Erwachsene und Kinder verharrten noch im betäubenden Schlaf. Einem Schlaf so tief, der am liebsten im Nichtwissen versinkt und sich gegen alle Realität verwehrt. Um so grausammer und plötzlicher kam das Erwachen mit den ersten Granateinschlägen in den frühen Morgenstunden. Angstschreie und Tumult! Jeder rappelte sich hoch und kauerte sich auf seinem Nachtlager zusammen. Dann stürzte die Welt ein! Mit einem Feuerblitz, dem zwerchfellzerreißenden Donner der Druckwelle aus Pulverdampf und undurchdringlichem Staub. Eine Sekunde lang herrschte absolute Totenstille, dann der Angstschrei. Alle stürzten gleichzeitig zum herausgerissenen Türrahmen dem Ausgang zu. Wo einst die Holzdiele war, klaffte nun ein offener Wasserschacht, den jeder erst überwinden mußte, bevor er ins Freie gelangte. Es bot sich ein Bild der Zerstörung: weggesprengte Gebäude, prasselnde Feuerbündel und immer wieder neue Einschläge. Noch immer sehe ich meine Mutter deutlich vor mir, wie sie Leni, Barbara, den kleinen Bruder Konrad um sich hatte und meine jüngste Schwester Maria auf ihren Armen hielt, um den Ort der Verwüstung zu verlassen. Ihr sonst zum Knoten aufgestecktes langes Haar hing ihr bis zu den Hüften offen herab. Der Kamm, mit dem sie sich gerade frisiert hatte, steckte noch am Hinterkopf. Ich höre noch in Erinnerung ihre Anweisungen und auch das Stöhnen einer alten blutüberstömten Frau. Sehe am Boden noch den von Granatsplittern getroffenen dreijährigen Enkel liegen. Beim Verlassen des Kellers war ich sicher, noch eine Person in einer Ecke sitzend gesehen zu haben. Nicht ohne mich zu vergewissern, wollte ich den grauenvollen Ort verlassen. So ging ich zurück. Der benachbarte Anbau brannte inzwischen lichterloh. Die Hitze der alles versengenden Flammen schlug mir entgegen. Henriette und ihr kleines Söhnchen waren verwundet im Keller zurückgeblieben. Beide waren bewußtlos. Mit allerletzter Kraft gelang es mir, sie über die Treppe zum Nachbarhaus zu schleifen. Dort waren sie vorerst in Sicherheit. Dann hörte ich das Brüllen der Tiere. Für das Federvieh und die Tiere im Schweinestall kam jede Rettung zu spät. Immer wieder wechselten sich Detonationen mit dem hysterischen Brüllen des Großviehs ab. Ich lief in den Stall, dessen Ziegeldach bereits weggesprengt worden war. Durch das offene Gebälk rieselten Kalk und Asche herunter. Die Halsketten der Tiere hatte ich schnell gelöst. Der Gedanke, bei einem Einschlag zwischen den panischen Tieren zertrampelt zu werden, kam mir nur kurz in den Sinn. Als ich alle befreit hatte, übermannte mich eine solche Panik, daß ich in wilder Angst aus dem Dorf stürzte, den Weg zur Tauber einschlagend. Obwohl ich genau wußte, daß ich vom nahen Eulenberg wie auf einem Präsentierteller zu sehen war, vertraute ich darauf, daß die Feinde erkannten, daß ein 13jähriges Mädchen für sie keine Gefahr darstellte. Am Ufer der Tauber verkroch ich mich wie ein waidwundes Tier unter Büschen und Sträuchern, betete, zählte die Einschläge ringsum, weinte, bangte um meine Familie und hoffte, sie mögen alle am Leben sein. Wie viele Stunden verbrachte ich in dieser Angst und flehte Gott auf den Knien an, uns alle zu beschützen? Die Explosionseinschläge wurden irgendwann seltener, statt Feuer stieg nun grauer und schwarzer Rauch aus der Dorfmitte auf. Drüben am Wald schnatterten die Maschinengewehre im Verbund mit den schweren Panzerfahrzeugen. Allmählich hatten sich meine überreizten Nerven beruhigt. Ich überdachte meine Lage. Hier an dieser Stelle konnte ich nicht bleiben. Also mußte ich mich entscheiden, entweder zurück ins Dorf oder einige Hundert Meter weiter zu den Bierkellern, die seit Tagen vielen Menschen Schutz geboten hatten. Mit dem Mut der Verzweiflung überquerte ich eilig die Auenwiesen, gelangte am Friedhof vorbei über die Staatsstraße zu den mit riesigen Kastanienbäumen verdeckten Eingängen der beiden Bierkeller.

Die Männer, die davor auf Posten standen, nahmen mich mit in eine geräumige Höhle. Jemand gab mir trockene Kleider und Schuhe zum Anziehen. Dafür muße ich Fragen beantworten. Immer wieder dieselben, bis ich erschöpft einschlief. Am anderen Morgen begannen die Verhandlungen mit den Alliierten. Auf dem Kirchturm flatterte als Symbol der kampflosen Übergabe die weiße Fahne.

Nach Stunden bangen Wartens hörten wir das Anrollen der schweren Panzer. Übervorsichtig nach allen Seiten sichernd rollten diese Riesenschildkröten in den Talkessel. Als Wahrnung für alle sichtbar sollten die beiden Gesandten aus dem Dorf beim geringsten Widerstand standrechtlich exekutiert werden.

In den Bierkellern war man außerhalb des Geschehens. Die Ruhe, die vor jedem Angriff als bedrückend empfunden wurde, verwandelte sich in Erleichterung. Plötzlich tauchte eine Gruppe Uniformierter auf. Die Kellereingänge wurden schnell von einigen Geländewagen und schwerbewaffneten Soldaten umstellt. Langsam mit erhobenen Händen und vor Angst rasendem Herzschlag trat jeder von uns ins Freie. Mit den alliierten Soldaten ging es in einem makaberen Prozessionszug ins Dorf zurück. Die vertraute Landschaft hatte sich in einen riesigen Rastplatz der Siegermächte verwandelt. Das eroberte Dorf diente als Gefechtsstellung der vordersten Frontlinie. Es war ein kurioser Anblick, überall gepanzerte Fahrzeuge vorzufinden. Männer in bunten Tarnanzügen patrouillierten in den Gassen. Ähnliche Szenen kannte man schon vom deutschen Militär. Was aber alt und jung in eine regelrechte Panik versetzte, war der Anblick farbiger Soldaten. Neger liefen hier umher, deren Existenz man nur aus beängstigenden Erzähungen kannte. Auch die Hitlerpropaganda hatte die Furcht in dieser Hinsicht eher gestärkt. Die Wirklichkeit schien anders! Handelte es sich doch um junge, athletisch gebaute Männer, deren Haare dem Fell eines schwarzen Lammes ähnelten. Ihre Augen waren lebhaft, und der Mund verlieh beim Lachen dem ganzen Gesicht einen faszinierenden Ausdruck. Es war jedem Betrachter unmöglich, seinen Blick von diesen „unbekannten Wesen" zu wenden.

Unterdessen ging die Suche nach den Resten deutschen Widerstands und übrigen Waffen los. Privathäuser, Schulen und Kirchen wurden durchkämmt. Völlig gleichgültig schien es, ob alte Gewehre aus dem Ersten Weltkrieg, Säbel oder Degen gefunden wurde. All diese Beutestücke wurden zusammen mit Führerbildern, Büchern und Parteiabzeichen auf einem freien Platz mit Benzin übergossen und angezündet. Noch lange blieben in den Häusern die hellen Flecken an den Kalkwänden sichtbar, an denen die Hitlerbilder auch gegen den Willen der Bewohner hängen mußten.

Die Umstellung auf eine neue Obrigkeit verlief stufenlos. Plötzlich war alles richtig, was vor kurzem noch strafbar war. Nicht jedem gelang das Umblättern im Buche der Geschichte ohne Händezittern. Besonders für uns Kinder, die wir nichts anderes kannten als die Vorschriften des Dritten Reiches, war die Umgewöhnung schwierig. So durften wir auf keinen Fall den gewohnheitsmäßigen Heil-Hitler-Gruß weiter anwenden oder gar einem alliierten Besatzungssoldaten anbieten. Geräuschvoll und voller Fallstricke war eine neue Ära angebrochen. Zaghaft und übervorsichtig gingen wir damit um. Unsere Lage ähnelte der eines Nichtschwimmers, der eine Eisfläche betritt und nicht weiß, wie tief er nach einem möglichen Einbrechen sinken könnte. Der Krieg war für uns noch lange nicht vergessen, denn selbst unsere

Träume kreisen ums Kriegsgeschehen; immer gegenwärtig waren die qualmenden Trümmerhaufen mit ihrem stickigen Rauch, die alles niederwälzenden Kriegsmaschinen, die Lärmkulissen und die menschliche Not.

Einen physischen Zusammenbruch hatten die Erlebnisse der letzten Tage für mich zur Folge. Völlig am Ende war ich mit meinen Kräften, und nur ein sehr langer Schlaf brachte ein wenig Erholung. Nach dem Erwachen kamen das Weinen und die Angstzustände. Das Prasseln von Granatsplittern auf das Dach des Nachbarn verschlimmerte meine Qual. Mein Verstand hielt mir vor, die Gefahr sei vorüber, doch mein Gefühl war von den Erlebnissen, den übermächtigen Bildern von Tod und Verderben in die entgegengesetzte Richtung gelenkt worden.

Aber das Leben ging weiter! Die Sperrstunden wurden von 9 bis 16 Uhr erweitert. Die dringend erforderlichen Feldarbeiten sowie die lebenswichtigen Außerhaus-Besorgungen hatte man in dieser Zeit zu verrichten. Eine kommissarische Verwaltung hatte Passierscheine an alle Einwohner verteilt, und Pfarrer wie Lehrer waren angewiesen worden, Lernmittel und Bücher einzuziehen.

Wieder war es Hochsommer geworden! Zum neunten Geburtstag meines jüngeren Bruders hatten wir aus Malzkaffee-Ersatz, Kartoffeln und Rübensirup einen Kuchen gebacken. Doch für ihn war die nun einsetzende warme Jahreszeit viel wichtiger als alle Kuchen der Welt. Endlich konnte er wieder barfuß ohne die verhaßten Damenschuhe auf die Straße gehen. Wildlederne hochhackige Pumps waren es, die man für ihn aufgetrieben hatte. Zu allem Überfluß waren diese bestickt und mit einem Lochmuster versehen. Welchen Spott mußte er ertragen, wenn bei kühler Witterung nur dieses einzige Schuhpaar zur Verfügung stand. Wenn er mit seinen kurzen Beinchen in einer noch kürzeren Hose über die Straße stöckelte, hatten ihn die durchs Dorf fahrenden Alliierten ständig im Sucher ihrer Fotoapparate und spulten die Negative mit einem amüsanten Lächeln in ihre Kameras.

Noch keine Lebenszeichen hatten wir vom Vater und dem ältesten Bruder erhalten. Zurückgekommen war ein Verwandter der bei uns wohnenden Familie. Fünf Personen teilten sich nun ein einziges Zimmer. Voller Erleichterung vernahmen wir deren baldigen Auszug, mußten dann aber eine katastrophale Überraschung hinnehmen. Verseucht von Kleiderläusen waren die Betten, die Polster der Sitzmöbel, und selbst im Saum der Übergardinen hatte sich die widerstandsfähige Läusebrut festgesetzt. Nun galt es, mit kochender Aschenlauge den lästigen Parasiten den Garaus zu machen.

Die Getreideernte war in diesem Jahr in kürzester Zeit gedroschen worden. Der geringe Feldertrag konnte von den Frauen in Eimern auf die Speicher getragen werden. Die Strohbündel waren so dünn, daß selbst Kinder sie stapeln konnten. Den Hauptanteil an Kartoffeln hatten bereits vor der Ernte hungernde Menschen von den Feldern gestohlen, und so blieb auch hier der Ertrag gering. Auf dem Schwarzmarkt erzielten die braunen Knollen noch immer Höchstpreise, ja, man bezahlte dieses Gemüse sogar mit Goldschmuck, damit die Familie den bevorstehenden Winter überstehen konnte.

Endlich erhielten wir vom deutschen Suchdienst die Nachricht, daß Vater in einem Gefangenenlager in England lebte. Auf der dürftigen Postkarte standen die Lagernummer, das Lagersiegel und die Unterschrift der Lagerleitung. Über einen Kameraden meines Vaters, der verletzt in einem Lazarett genas, hatten wir einiges in Erfahrung gebracht.

Das Ende des Kriegs stand ohne Zweifel vor Europas Tür. Mit Marschgepäck und schlechtem Schuhwerk hatte der Rest der

Balkanbesatzung die Strecke nach Hause zu Fuß hinter sich gebracht. So mancher überlebende Soldat fiel beim Rückzug den Heckenschützen und den Partisanen zum Opfer.

Die Ungewißheit, wie die Siegermächte mit den deutschen Soldaten umgehen würden, nagte an der Moral und am Zusammengehörigkeitsgefühl der Landser. In Südfrankreich wurden die übriggebliebenen Truppen der Westarmee, der Vater angehörte, von den Alliierten gefangengenommen und in Sammellager gebracht. Gerüchte kamen in Umlauf, als Deportationsorte kämen Sibirien oder Amerika in Frage.

Rückblickend kann ich aus Erzählungen rekonstruieren, wie mein Vater das Kriegsende erlebt hat: Die Dampflok gab ihr bestes. Rund 30 Viehwaggons hatte sie zu ziehen, jeder gefüllt mit 50 und mehr deutschen Kriegsgefangenen. Die offenen Waggons wurden von schwerbewaffneten Alliierten bewacht. Der Güterzug war bereits tagelang gen Westen unterwegs gewesen und näherte sich nun der Bahnstation Ansbach. Ohne Stopp beschleunigte der Zug die Rollgeschwindigkeit und fuhr durch eine Landschaft, die mein Vater nur zu gut kannte. Einem Mitgefangenen teilte er seine Gefühle mit: „Schau nur! Dort drüben, hinter den von Frühjahrsdunst bläulichen Erhebungen, bin ich zu Hause." Verzweifelt suchten seine Blicke nach einer Fluchtmöglichkeit. Er schickte sich auch an, mit dem farbigen Wachposten in Kontakt zu kommen. Trotz aller Bemühungen und selbst wenn seine Kameraden den Wachposten entwaffnet hätten, die anderen bewaffneten Begleiter hätten sicherlich ohne großes Federlesen alle Gefangenen erschossen. Dem Gefangenen mit der Kennziffer „Rein Nr. 210" zerriß es fast das Herz bei diesem Gedanken.

Ohne ersichtlichen Grund drosselte die Lok plötzlich ihre Geschwindigkeit. Ob es nicht doch möglich wäre, zu fliehen, schoß es meinem Vater durch den Kopf. Diese fränkische Landschaft kannte er schließlich wie seine Westentasche. Hinter den schmalen, langgezogenen Feldern, den Wassergräben und Hekken standen Häuser, die in Vater angenehme Erinnerungen weckten. So hatte er im Gasthaus „Zur Post" vor einer halben Ewigkeit noch sein Mittagessen eingenommen. Zur Kirchweih hatte er sich beim Tanz mit den jungen Bauerntöchtern vergnügt. Noch hatte der Zug seine verlangsamte Geschwindigkeit beibehalten, und wie in einem zurückgespulten Film sah Vater sich selbst als jungen Maurerlehrling an einem Gebäude arbeiten, das jetzt zerstört war. Die Bahnbrücke trat in sein Blickfeld, die das Flüßchen in der sanften Senke überspannte. Jeden Quaderstein kannte er an ihren Pfeilern und Rundbögen. Immer war dieses Brückenbauwerk ein Symbol des Fortschritts für die Region gewesen.

Die Kette an der defekten Schiebetür des Waggons ließ einen Lichtspalt ins Innere. Gespenstisch war der dadurch entstandene Blick nach draußen, es gab auf der Brücke keine Stützmauern, kein Geländer, noch nicht einmal Schotter und Schwellen. Es schien, als schwebe der Zug in der Luft. Das hohle Geräusch der sich langsam drehenden Räder verursachte Unbehagen. Selbst der junge Neger schaute gebannt zwischen den Kupplungen der Waggons nach unten, wo auf den Uferwiesen zerborstene Bauteile herumlagen. Nach bangen Sekunden stieß die Lok einen befreienden Schrei aus und beschleunigte ihr Tempo. Die Brükke war passiert.

Es mußte am Spätnachmittag gewesen sein, als sich der Gefangene „Rein Nr. 210" auf den Waggondielen ausruhen durfte. Immer nur ein Teil der Männer konnte sich auf dem Boden niederlassen, denn für alle reichte der Platz nicht aus. Man wechselte sich daher ab. Vater war wohl eingeschlafen, als einer seiner Kameraden ihn anstieß und sein Kochgeschirr verlangte. „Es gibt etwas Warmes zu trinken!" sagte er.

Noch ganz schlaftrunken nestelte der Angesprochene an den Riemen seines Tornisters. Jetzt erst bemerkte er, daß der Zug stand. Von draußen drang spärliches Licht ins Innere, und er vernahm Stimmen, die ihn aufhorchen ließen. Sprachen diese Leute und Rotkreuzschwestern nicht seinen Heimatdialekt? In diesem Moment vergaß er sein Kochgeschirr, sprang auf, stieg über die sitzenden Landser und erreichte die Luke am hinteren Wagenteil. Mit aller Kraft versuchte er sich an den Gitterstäben hochzuziehen – umsonst. Seine Kumpels begannen ihn zurückzuhalten. „Drehst du jetzt durch?" fragte jemand. Ein anderer rief: „Hat jetzt jeder Tee?"

Vater zitterten die Knie. Er war immer ein guter Turner gewesen, und nun sollte es ihm nicht gelingen, sich zu diesem Fensterloch hochzuziehen. Seine Kameraden starrten ihn aus apathischen Augen an. „Sei doch vernünftig. Wir wollen ja selbst alle raus, aber es geht nicht", versuchte ihn einer zu beruhigen. Da sprach der Gefangene „Rein Nr. 210" ganz leise: „Ich bin hier fast zu Hause. Das ist der Bahnhof von Würzburg. Wenn ich jetzt losmarschieren würde, könnte ich bei Tagesanbruch bei meiner Familie sein." Keiner sagte darauf ein Wort.

Der junge Neger trommelte unaufhörlich mit seiner MP gegen die Holzdielen und schrie im Befehlston einige Sätze, die nicht verstanden wurden. Geschwächt vor Hunger und Sorgen standen die Männer um Vater. Dann packten ihn zwei, hoben ihn hoch, so daß er die Luke mit den Gitterstäben erreichen konnte. Er schaute hinaus auf den Bahnsteig.

Nein, das ist nicht der Bahnhof von Würzburg, schoß es ihm durch den Kopf. Seine Augen fanden nichts Vertrautes, keine Säule, kein Tor und keine Mauer. Dann sah er das vertraute Schild, vor dem er beim letzten Fronturlaub gewartet hatte: „Räder müssen rollen für den Sieg", daneben in großen Ziffern die Telefonnummer des Würzburger Roten Kreuzes. Jetzt war er sicher, daß es doch der richtige Bahnhof war. Durch die Ruine sah er andere Ruinen inmitten von Schutt und Steinen. Menschen quollen durch die Schächte nach oben, andere verschwanden nach unten. „Winterhilfswerk – Führer befiel, wir folgen dir", ließ ein halbzerrissenes Plakat vernehmen. Im schönsten Fränkisch gab ein Bahnbediensteter Auskunft. Für Vater klangen die Sätze wie Musik in den Ohren. Dann verdeckte ein einfahrender Personenzug die Sicht auf das Treiben. Als Vater wieder auf seinen Beinen stand und ihm ein Kamerad Tee reichte, nahm er das Kochgeschirr, lehnte sich mit dem Rücken gegen die Waggonwand und versuchte, seine Eindrücke zu ordnen. Seine schlimmsten Befürchtungen überschlugen sich. Ruckartig setzte sich das rollende Gefängnis wieder in Bewegung. Undeutlich vernahm Vater die Kommentare der Männer, die ebenfalls durch die Luke nach draußen geblickt hatten. „Mein Gott! Diese Stadt ist ja ein einziger Trümmerhaufen!" – „Als der Bahnhof zerbombt wurde, konnte sicher keiner lebend entkommen." Gab es für derartige Verwüstungen überhaupt eine Ausdrucksform?

Als gutes Omen deutete Vater aber die unbeschädigt aussehenden Türme der Feste Marienberg und des Käppeles. Wie eh und je ragten die stolzen Bauwerke auf der anderen Seite des Maintales gegen den Himmel.

Der fahrende Zug schleppte die vielen Waggons noch durch einige Schuttwüsten, durch Ruinenlandschaften und über Steinhaufen. Fahrzeuge der US-Armee schienen planlos auf den einigermaßen freigeräumten Straßen herumzufahren. Der Kriegsgefangene „Rein Nr. 210" konnte sich in eine Traumwelt zurückziehen, und seine Gedanken eilten mit Siebenmeilenstiefeln zu seiner Familie zurück, und er dachte an den Tag des Wiedersehens.

Acht Tage und ebenso viele Nächte lang mahlten unter den quietschenden Achsen die Räder. Dann übernahm ein Transportschiff die deutschen Kriegsgefangenen. Erst als sie die Kreidefelsen von Dover erblickten, wußten alle: Jetzt sind wir in England!

Kapitel 11: Die Nachkriegsjahre (1946-47)

Mehr als ein Jahr hatten wir schon kein Lebenszeichen mehr von Vater erhalten. Onkel Michael war von polnischen Soldaten aus einer Gruppe Deutscher wahllos ausgesucht und zu Kriegsende hingerichtet worden. Onkel Ruppert, der den Krieg seit dem ersten Tag miterlebt hatte, wurde nach Sibirien verschleppt und kam erst 1948 wieder zurück. Mein ältester Bruder, der mit seinen 16 Jahren im Volkssturm kurz vor der Kapitulation zur Kriegsmarine eingezogen worden war, kam in den Frühsommertagen 1945 unversehrt nach Hause. In jeder Familie waren Tode und Vermißte zu beklagen, und täglich sendete der Rundfunk lange Listen mit Namen und Erkennungsmarken von vermißten Personen. In dieser Zeit erreichte auch die Hungersnot in den ländlichen Regionen ihren Höhepunkt. Immer häufiger bestand unser frugales Mittagsmahl aus Brennessel- oder Breitwegerichgemüse, das mit einem aus Schrot und Kartoffeln gebackenen Stück Schwarzbrot gegessen wurde. Kuchen, die aus Malzkaffee-Ersatz und Zuckerrübensirup gebacken wurden, waren eine Rarität auf dem Sonntagstisch.

Unsere größte Sorge galt dem beschädigten Haus, das wir abdichten mußten. Mit den wenigen heil gebliebenen Ziegeln von Stall und Scheune versuchten wir, auf die Leisten die einfachen Biberschwänze zu hängen. Die zerborstenen Fenster wurden mit einem Holzverschlag frostdicht gemacht. Ein einziger Kanonenofen strahlte etwas Wärme ab und schützte vor eisiger Kälte. Aber dennoch glitzerte der Reif in den Schlafzimmern an den Wänden, und in den Federbetten sammelte sich die Feuchtigkeit.

Den Schulweg betraten wir mit einem Stück Holz oder Brikett in der Büchertasche, denn auch zum Unterricht mußten die Klassenräume ja beheizt werden. Schüler der unteren Klassen erhielten zur Pause eine Schulspeisung, und meine Mutter war froh, daß die drei Jüngsten, Konrad, Barbara und Marie, diese Vergünstigung bekamen. Auch wenn es meistens nur dünnen Haferflockenbrei, verrührt mit Trockenmilch und einigen Rosinen, gab, wurde diese Spende der Alliierten dankbar angenommen.

Am Ende des langen Winters 1947 war meine Mutter wegen Waldfrevels angezeigt worden. Zusammen mit ihren Kindern hatte sie trockenes Holz geholt und einen Waldhüter, der sie daran hintern wollte, mit einem Beil bedroht. Die Strafe wurde aber wegen Einspruchs auf Bewährung ausgesetzt.

Aber jeder noch so lange Winter geht irgendwann in warme Frühlingstage über. Die Felder mußten wieder bestellt werden, und überall verbreitete sich eine Erwartungsstimmung. Auch meine Familie war in eine Erwartungshaltung verfallen. Dann kam ein Brief vom Vater, der durch den Suchdienst zugestellt und von den Alliierten zensiert war. Er schrieb, daß er in England in einem Sammellager lebe und es ihm den Umständen entsprechend gut gehe. Diese Zeilen brachten Freude und Optimismus in die Familie, und mit neuer Kraft ging jeder seiner Arbeit nach. Wir wußten, irgendwann würde Vater wieder bei uns sein.

Die Frühjahrssaat hatte sich prächtig entwickelt, die Futterrüben brauchten Platz und Nahrung, beides machten ihnen das Unkraut streitig. Daher waren Mutter, Leni und ich mit der Harke auf dem Feld der Hohen Steige beschäftigt, Unkraut zu jäten. Wir arbeiteten schon eine geraume Weile, als uns ein Schäfer, der gerade seine Schafe auf dem Nachbarfeld geweidet hatte, zurief: „Schaut nur, diese seltsamen Flugobjekte am südlichen Himmel." Dann sahen wir sie, die silbern glänzenden Objekte, die blitzschnell ihren Standort verändern konnten.

Sprachlos starrten wir und andere in den Himmel. Niemand wußte zu zählen, wie viele von diesen „Silberscheiben" sich dort oben hin und her bewegten, um ständig ihre Geschwindigkeit, Höhe und Richtung zu ändern. Längst arbeitete niemand mehr, und alle starrten gebannt nach oben, unfähig, eine Erklärung oder einen Kommentar abzugeben. Erst als die meisten dieser Silbersterne verschwunden waren, äußerte man zaghafte Vermutungen. So war die Rede von Hitlers verspätet einsetzender Wunderwaffe oder einfachen Sternschnuppen. Aber im nachhinein betrachtet, konnte es weder das eine noch das andere sein, denn diese Objekte mußten über eine Antriebskraft verfügen, die zur damaligen Zeit außerhalb jeder Möglichkeit lag. Die nachfolgenden Erklärungen überzeugten nicht, und viele Sachverständige taten diese Erscheinungen als reine Phantasieprodukte ab. Nur noch gelegentlich wurde darüber gesprochen. Im Laufe der Zeit geriet dieser Vorfall auch bei den Augenzeugen immer mehr in Vergessenheit.

Wichtiger war es auch, daß sich die im Krieg auseinandergerissenen Familien wiederfanden oder die tägliche Nahrung gesichert war. So kamen die Menschen von weither, um Hilfe und Freunde in den Dörfern zu finden. Ein Glücksfall war es für alle zugereisten Hamsterer, wenn sie von einer Familie aufgenommen wurden und Kost und Logis bekamen. Oftmals half ein Gespräch, die Bürde der Nachkriegszeit eines verlorenen Krieges leichter zu ertragen.

Zwischen Kriegsende und Reichsmarkentwertung blühte der Schwarzmarkthandel auf, denn für alles gab es Abnehmer. Vorwiegend wurden Gebrauchsgegenstände gegen Lebensmittel getauscht. Daher war es auch verständlich, daß die Bauern ihre Tore verschlossen hatten und niemanden einlassen wollten. Ausnahmen wurden nur gemacht, wenn es Angebote mit überhöhten Preisen oder interessanter Ware gab. Manchmal ließ auch einfach die Habgier der Bauern die Riegel der Tore zurückgleiten.

Einige Bauern und Hamsterer spezialisierten sich auf Wildraub, und es gelang ihnen, bei strengster Bewachung der Wälder, Drahtschlingen zwischen tiefer hängenden Zweigen anzubringen. An den schneereichen Wintertagen fanden Karnickel und Hasen oft tagelang kein Futter, und so war es leicht das Niederwild mit einer einfachen Freßfalle aus einem Ofenrohr einzufangen. Wenn sich die Tiere auf Nahrungssuche in die Röhre gezwängt hatten, gingen sie elendig zugrunde, weil sie wegen ihrer langen Hinterläufe nicht hinauskamen. Dann kam der Wilderer vorbei und nahm seine Beute mit.

In diesem Zusammenhang wurde meine Familie von einem sehr netten Herrn, den wir nur kurz den „Mannheimer" nannten, besucht. Seine Freundlichkeit und die kleinen Geschenke für uns Kinder hatten ihm eine Schlafstelle auf dem Sofa im Wohnzimmer gesichert. Dieser sympathische Hamsterer erklärte uns, er sei Kaufmann und Fischer. Wegen seiner Beinverletzung sei er aus der französischen Zone nach Kriegsende entlassen worden. Mit Ausdauer und Erfindungsgeist konnte er sich auf diese Weise ein einträgliches Leben einrichten. Meist verbrachte er die Abend- und Morgenstunden an den Ufern von Tauber und Gollach. Manchmal blieb er sogar die ganze Nacht weg, um die in der Wasserströmung mitziehenden Aale mit Weidenkörben zu fangen. Jedesmal hatte es der Mannheimer nach einem erfolgreichen Beutezug sehr eilig, die Heimreise anzutreten. Oftmals nahm er in einem Eimer noch lebendige Fische mit. Es schien ein lohnendes Geschäft zu sein, zumal für einen mittelgroßen Karpfen auf dem Schwarzmarkt bis zu 100 Reichsmark gezahlt wurden. Mit wesentlich geringer gefüllten Taschen verließ so manch anderer den Ort.

Wenn die Leute aus der Stadt kamen, begann für sie erst ein Wettlauf auf die beiden Mühlen. Dann erst klapperten sie die Häuser ab, um ihre jeweilige Geschichte zu erzählen und aus Mitleid Nahrungsmittel zu erbetteln. Oft war der Mann gefallen, Hab und Gut durch Bombenangriffe verloren, die Familie krank oder unterernährt. Die Not hob die Grenzen der Zurückhaltung und Scham auf, ließ die Menschen um alles, was man essen konnte, betteln.

Ich erinnere mich noch an einen Tag, als ich auf dem Weg zur Gartenarbeit an einer betagten Frau vorüberkam. Sie hatte sich am Straßenrand niedergesetzt und klaubte emsig aus dem erbettelten Roggen- und Weizenmehlgemisch scheußliche Käfer heraus. Eigentlich hatte ich sie schon fast passiert, als mich ihr verzweifelter Blick umdrehen ließ. Ich bot ihr an, aus Mutters Küche ein Haarsieb zu holen, um ihr weitere Mühen zu ersparen. Als ich zurückkam, hatte sie bereits eine Zeitung aufgefaltet, um nun mit Rütteln das Mehlgemisch von den unappetitlichen Parasiten zu befreien. An die Worte, die wir wechselten kann ich mich natürlich nicht mehr erinnern, aber ihr glückliches Lächeln ist mir im Gedächtnis haftengeblieben.

Es hat sich während der Nachkriegsjahre eine unglaubliche Veränderung in den zwischenmenschlichen Beziehungen ergeben. Das übergroße Leid aus dem Kriegsgeschehen hat die Menschen tolerant, mitfühlend und weltoffen gemacht. Hatten sie nicht die Bombengeschädigten mit ihrer eigenen Lebensart oder die Kriegsgefangenen aus ganz Europa hinnehmen müssen? Nun waren es die eigenen Männer und Söhne, die der Krieg entfremdet in die Heimat entließ. Nicht wenige der Zurückgekommenen blieben auf der Suche nach ihren Angehörigen zunächst in den Dörfern hängen. Für Nahrung und Unterkunft mußten sie häufig den vermißten Sohn oder gefallenen Bauern ersetzen.

Unaufhaltbar setzte der Wiederaufbau ein. Der Schwarzmarkt boomte, und bei der Jugend regte sich ein Heißhunger auf Musik und Vergnügen.

In einigen Häusern wurden die Wohnzimmer zur Tanzschule umfunktioniert, wobei der Mangel an Musik durch Singen behoben wurde. Einige junge Burschen fanden sich immer, die die Klänge der Besatzungsmächte nachahmten. Die Sonntage waren häufiger bis Mitternacht erfüllt vom ausgelassenen Treiben wilder Tänze.

Bis der Ortspfarrer mit einer Handvoll Ewiggestriger beschloß, dem zügellosen Vergnügen ein Ende zu bereiten. Heiliger als der Papst verkündete er von der Kanzel, daß diese Vergnügungssucht mit ewiger Verdammnis bestraft werde. Für die katholische Jugend war dadurch eine unüberwindbare Hürde geschaffen worden. Aber irgendwie gelang es doch, eine moralisch vertretbare Nische zu finden. Ich war noch keine 16 Lenze alt, als ich mir das Geld für den Nachmittagstanz bei Mutter erbettelte.

Noch immer waren in den Bauernhäusern die Kammern von heimatlosen Menschen bewohnt. Einem pensionierten Oberlehrer und seiner Ehefrau hatte die Ortsbehörde des Titels wegen eine große Töchterstube zugewiesen. Die Kriegerwitwe mit ihren vier Kindern mußte dagegen über eine Hühnerleiter zu ihrem Wohn- und Schlafplatz hochklettern. Kaum jemand kümmerte sich um diese arme Familie. Erst als sich die Kinder in der Schule geweigert hatten, neben diesen mit Läuse und Krätze befallenen Flüchtlingskindern zu sitzen, boten einige Mütter ihre Hilfe an. Dagegen beeindruckte eine Frau Rechtsanwalt mit ihrem gepflegten Äußeren. Ihren wertvollen Familienschmuck trug sie in einem Leinenbeutel eingenäht ständig bei sich. Sie setzte ihren ganzen Charme ein, wenn sie von den Bauern etwas haben wollte, das nicht auf der Lebensmittelkarte stand. Mit viel Geschick war er ihr auch möglich gewesen, im letzten Kriegsjahr im Pfarrhaus eine dauerhafte Bleibe zu finden.

Der Krieg lag bereits zwei Jahre zurück, doch die Fremden entschlossen sich nur zögerlich, ihre alte Heimat aufzusuchen.

Die Städte boten mit ihren trostlosen Schuttwüsten keinerlei Anreiz. So wollten viele die sicheren, wenn auch eingeschränkten Wohnverhältnisse auf dem Land nicht verlassen. Gelegentlich feierte man die Rückkehr eines verschollen geglaubten Dorfbewohners oder Familienmitglieds der Zugezogenen. So feierte man auch eines Tages mit der alten Hebamme aus Köln. Sie hatte sich in den schlimmen Jahren, in denen das Sirenengeheul in den Großstädten nicht verstummte, aufs Land hin durchgeschlagen und bei einem Kolonialwarenhändler gelebt. In diesen Sommertagen hatte die alte Frau Grund zur Freude. Ihre vermißte Tochter hatte durch die Suchdienstvermittlung zu ihr zurückgefunden. Ein merkwürdiges Mädchen mit nervösen schlanken Händen, abgemagert und krank, wurde in Empfang genommen. Ihre Füße steckten in Männerschuhen, mit denen sie zielsicheren Schrittes daherging. Den Kopf bedeckte eine Fliegermütze, die den im Lager kahlgeschorenen Schädel verdecken sollte. In dieser Zeit geschahen täglich seltsame Dinge, die kurz zur Kenntnis genommen wurden, bevor man wieder zur Tagesordnung überging.

Diese angebliche Luftwaffenhelferin genoß schon über ein Jahr die Zeit bei ihrer betagten Mutter. Auf ausgedehnten Spaziergängen in den Fluren um das Dorf konnte man sie häufig beobachten. Ihre etwas steifgliedrige Erscheinung war sichtlich aufgeblüht. Gegen ihre freundliche, aber zurückgenommene Persönlichkeit konnte niemand etwas einwenden. Nur wenn sie sich beobachtet fühlte oder bei einer unvermuteten Begegnung bekamen ihre Augen diesen gehetzten Ausdruck, der nach den Kriegswirren keine Seltenheit war.

Dann gab es im Zusammenhang mit dieser Person einen Skandal, der alles bisher im Dorf Passierte in den Schatten stellte. Zwischen den Weidenbüschen am Badeplatz war ein 16jähriges Mädchen von dieser angeblichen Dame vergewaltigt worden.

Hierbei stellte sich heraus, daß der getragene Schottenrock der Luftwaffenhelferin einen männlichen Körper bedeckt hatte. Die den ganzen Kopf umhüllende Fliegenmütze mußte eine Glatze verdecken. Nach der überstürzten Abreise der alten Hebamme mit ihrer zum Manne gewordenen Tochter kursierten die schlimmsten Gerüchte, die aber keine Bestätigung mehr fanden.

Für mich war eine Zeit der inneren Unruhe angebrochen: War ich noch ein Kind oder schon erwachsen? Zumindest Verantwortung für die eigene Person wollte ich tragen. Das bedeutete natürlich auch, sich im Umgang mit anderen zu kontrollieren, eine eigene Meinung zum Leben zu beziehen und charakterfest zu werden. Gerade in dieser Umbruchsituation und Entwicklungsphase verstrickten sich meine Gefühle in eine einsame Liebe.

Ein junger Mann war in Gefangenenkleidung ins Dorf gekommen, um seine Familie zu suchen. Mit seinen 19 Jahren hatte er eine kurze Ausbildung bei der Kriegsmarine erfahren. Bei Kriegsende hatte man ihn von einem Lager ins andere verschleppt, bis man ihn völlig mittellos mit Entlassungspapieren auf die Straße schickte. Im oberen Dorf fand er bei einem kinderlosen Ehepaar eine Bleibe. Bei der Milchsammelstelle, bei der Feldarbeit und beim Kirchgang hatte ich ihn bereits seit Monaten erblickt. Mehr als ein kurzer Blickkontakt, ein scheues Lächeln oder ein belangloses Wort war mir noch nicht gelungen, dabei suchte ich förmlich seine Nähe auf.

Um ihn auf mich aufmerksam zu machen, widmete ich viel Mühe der Näherei. Aus unzählig feinen Nadelstichen schneiderte ich mir aus einem mit Rosen bedruckten Übergardinenschal ein figurbetontes Kleidchen. Alle Mühsal verfolgte nur ein Ziel, Konstantin zu gefallen. Doch der Mann meines Herzens schien blind oder ohne jedes Gefühl zu sein. Einmal ging wieder ein

Hauptstraße in Bieberehren

Lydia, zweite von links, 17 Jahre alt, mit Freundinnen